この問題集の使い方

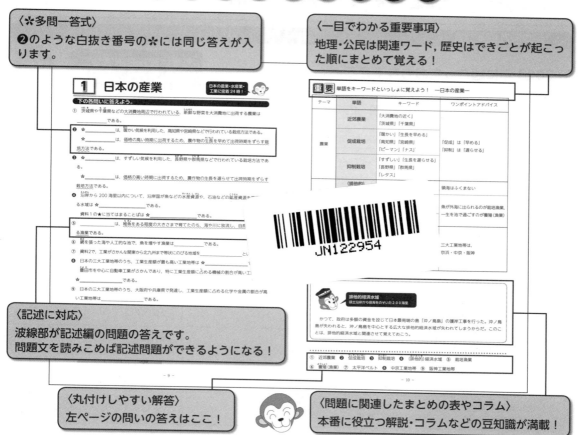

〈＊多問一答式〉
❷のような白抜き番号の＊には同じ答えが入ります。

〈一目でわかる重要事項〉
地理・公民は関連ワード，歴史はできごとが起こった順にまとめて覚える！

〈記述に対応〉
波線部が記述編の問題の答えです。
問題文を読みこめば記述問題ができるようになる！

〈丸付けしやすい解答〉
左ページの問いの答えはここ！

〈問題に関連したまとめの表やコラム〉
本番に役立つ解説・コラムなどの豆知識が満載！

・もくじ・

入試に役立つ！ 資料編

出典…日本国勢図会 2023/24
世界国勢図会 2023/24
地理統計要覧 2023 年版
などより作成

○最新の資料編

① 2023 年に起こったおもなできごと

まずは資料をおさえて一歩リードしよう！

	国 内	国 外
1月	徳川家康の子孫にあたる徳川宗家の当主が，60 年ぶりに 19 代徳川家広氏に交代 岸田首相が，自衛隊・イギリス軍の協力の円滑化に関する「日英部隊間協力円滑化協定」に署名	中国の総人口が約 60 年ぶりに減少
2月	上野動物園(東京都)のジャイアントパンダ「シャンシャン」を中国に返還	トルコ南東部のシリアとの国境付近でマグニチュード 7.8 の地震が発生
3月	死刑が確定した事件である「袴田事件」の再審開始を東京高裁が決定 WBC(ワールド・ベースボール・クラシック)で日本代表が 3 大会ぶりに優勝	EU が合成燃料の使用を条件に，エンジン車の販売を容認することをドイツと合意
4月	自転車のヘルメット着用が全年齢で努力義務化 こども家庭庁が発足 黒田日銀総裁が任期満了を迎え，植田新総裁が就任	フィンランドが NATO に加盟
5月	新型コロナ感染症の法律上の位置づけが季節性インフルエンザと同じ「5 類」に移行 G7 サミットが広島市で開催	WHO が新型コロナの緊急事態宣言を終了
6月	日本各地で記録的な大雨となり，関東甲信から近畿の 23 の観測点で 24 時間雨量が観測史上最多を更新	ロシアによる侵攻が続くウクライナで水力発電所のダムが決壊し，国連安全保障理事会が緊急会合を開催
7月	男子バレー日本代表が，国際大会で 46 年ぶりにメダル獲得	イギリスの TPP 加入を正式決定
8月	福島原発の処理水の海洋放出を開始 ガソリンの小売価格が過去最高値を更新 東京都心で，観測史上初の 8 月すべての日で真夏日を記録	中国政府が日本向けの団体旅行を 3 年半ぶりに解禁 インドで無人探査機の月面着陸に成功
9月	第 2 次岸田内閣発足後，2 回目となる内閣改造を実施し，女性閣僚が過去最多の 5 人となる	リビアで大雨の影響でダムが決壊 モロッコ中部の内陸部でマグニチュード 6.8 の地震が発生
10月	最低賃金の全国平均が初めて 1000 円を超える 将棋棋士藤井聡太氏が史上初の「八冠」達成	大谷翔平選手がメジャーリーグのア・リーグで，日本人初のホームラン王を獲得 イスラエルと武装組織ハマスが軍事衝突
11月	今年のヒット商品 1 位に「Chat GPT」が選ばれる 米軍の輸送機「オスプレイ」墜落による国内初の死亡事故が起きる	ビートルズが AI を活用した未発表の新曲を 27 年ぶりに発表
12月	今年の漢字が『税』に決定 東芝が上場廃止となる	大谷翔平選手がドジャースに移籍

② 日本の海外進出企業（全産業）

賃金の安い中国や東南アジア諸国が上位にいるね。

＜日本の海外進出企業数の地域・国別割合＞ 2021 年

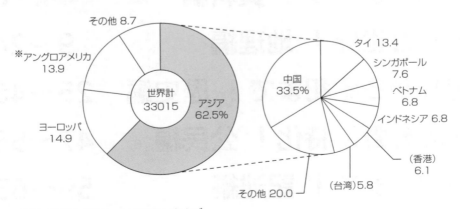

その他 8.7
※アングロアメリカ 13.9
ヨーロッパ 14.9
世界計 33015
アジア 62.5%

タイ 13.4
シンガポール 7.6
ベトナム 6.8
インドネシア 6.8
中国 33.5%
(香港) 6.1
(台湾)5.8
その他 20.0

※アングロアメリカ…アメリカ・カナダ

③ 日本の人口ピラミッド

下の３つの人口ピラミッドから，少子高齢化が進んでいることがわかるね。

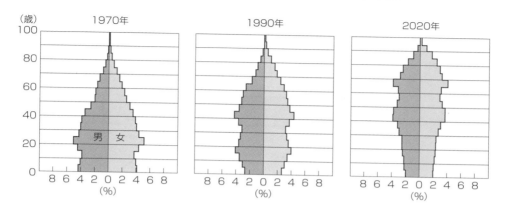

④ 日本の主要エネルギー輸入相手上位国

石炭・液化天然ガスはオーストラリア，原油は中東からの輸入額が多い。

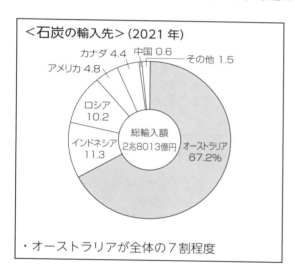

＜石炭の輸入先＞（2021年）

総輸入額 2兆8013億円

・オーストラリアが全体の７割程度

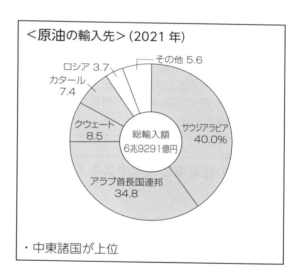

＜原油の輸入先＞（2021年）

総輸入額 6兆9291億円

・中東諸国が上位

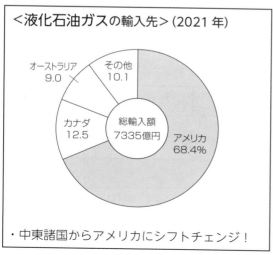

＜液化石油ガスの輸入先＞（2021年）

総輸入額 7335億円

・中東諸国からアメリカにシフトチェンジ！

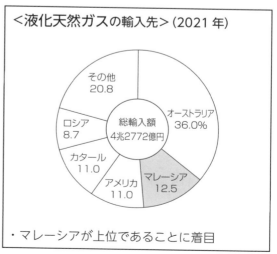

＜液化天然ガスの輸入先＞（2021年）

総輸入額 4兆2772億円

・マレーシアが上位であることに着目

⑤ 日本の発電量と発電のエネルギー源の変化

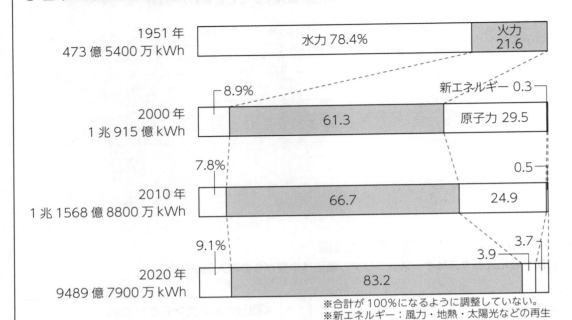

1951年
473億5400万kWh
水力 78.4% ／ 火力 21.6

2000年
1兆915億kWh
8.9% ／ 61.3 ／ 原子力 29.5 ／ 新エネルギー 0.3

2010年
1兆1568億8800万kWh
7.8% ／ 66.7 ／ 24.9 ／ 0.5

2020年
9489億7900万kWh
9.1% ／ 83.2 ／ 3.9 ／ 3.7

※合計が100%になるように調整していない。
※新エネルギー：風力・地熱・太陽光などの再生可能エネルギー

　かつて，日本の発電は，水力発電が主だった。しかし，高度経済成長とともに火力発電が主になり，水力発電の占める割合は低くなった。近年は原子力発電の割合が高まっていたが，2011年に起こった東日本大震災以降は原子力発電の占める割合が大きく下がり，それをおぎなうために火力発電の割合が増えた。

⑥ 世界の発電量と発電のエネルギー源別割合 （2020年）

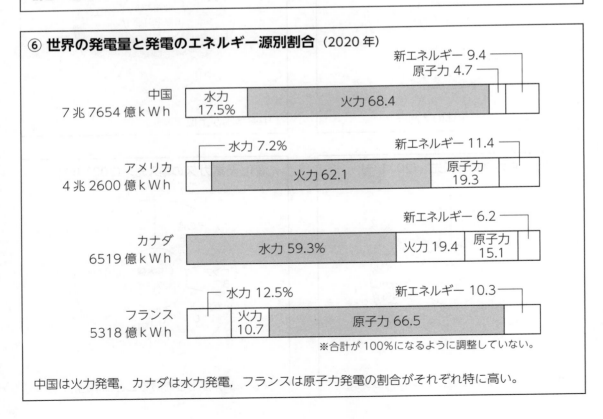

中国
7兆7654億kWh
水力 17.5% ／ 火力 68.4 ／ 原子力 4.7 ／ 新エネルギー 9.4

アメリカ
4兆2600億kWh
水力 7.2% ／ 火力 62.1 ／ 原子力 19.3 ／ 新エネルギー 11.4

カナダ
6519億kWh
水力 59.3% ／ 火力 19.4 ／ 原子力 15.1 ／ 新エネルギー 6.2

フランス
5318億kWh
水力 12.5% ／ 火力 10.7 ／ 原子力 66.5 ／ 新エネルギー 10.3

※合計が100%になるように調整していない。

中国は火力発電，カナダは水力発電，フランスは原子力発電の割合がそれぞれ特に高い。

⑦ 日本の工業

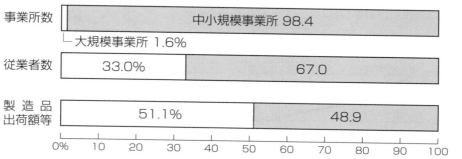

<事業所規模別構成比（製造業）> (2020年)

事業所数	中小規模事業所 98.4
	└ 大規模事業所 1.6%
従業者数	33.0%　　67.0
製造品出荷額等	51.1%　　48.9

0% 10 20 30 40 50 60 70 80 90 100

※従業者300人以上の事業所を大規模事業所とした。

　日本の事業所（製造業）のほとんどが中小規模であり，また働く人の数も7割近くを占めているが，出荷額（生産額）は全体の半分程度しかない。

<工業地帯／工業地域の製造品出荷額等の構成> (2020年)

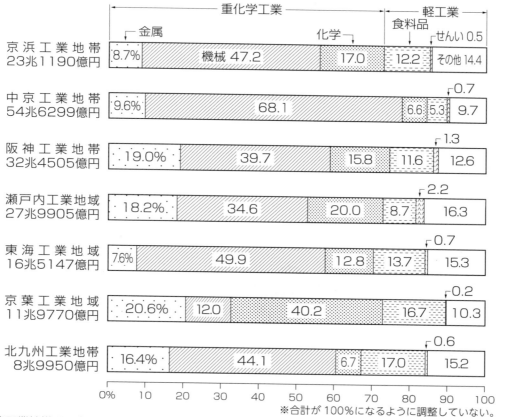

	金属	機械	化学	食料品	せんい	その他
京浜工業地帯 23兆1190億円	8.7%	機械 47.2	17.0	12.2	0.5	その他 14.4
中京工業地帯 54兆6299億円	9.6%	68.1	6.6	5.3	0.7	9.7
阪神工業地帯 32兆4505億円	19.0%	39.7	15.8	11.6	1.3	12.6
瀬戸内工業地域 27兆9905億円	18.2%	34.6	20.0	8.7	2.2	16.3
東海工業地域 16兆5147億円	7.6%	49.9	12.8	13.7	0.7	15.3
京葉工業地域 11兆9770億円	20.6%	12.0	40.2	16.7	0.2	10.3
北九州工業地帯 8兆9950億円	16.4%	44.1	6.7	17.0	0.6	15.2

0% 10 20 30 40 50 60 70 80 90 100

※合計が100％になるように調整していない。

・中京工業地帯は，全ての工業地帯／工業地域中，機械の割合が最も高く，製造品出荷額等が最も多い。
・阪神工業地帯と瀬戸内工業地域は金属・化学の割合が高く，「金属＞化学」となるのが阪神工業地帯，「金属＜化学」となるのが瀬戸内工業地域である。
・京葉工業地域（千葉県）は，化学の割合が極めて高く，機械の割合が低い。
・北九州工業地帯は食料品の割合が高く，製造品出荷額等が最も少ない。

⑧ 日本の食料自給率

食卓に並ぶ食材のうち，国産のものはいくつあるかな。

<日本の食料自給率（カロリーベース）の推移>

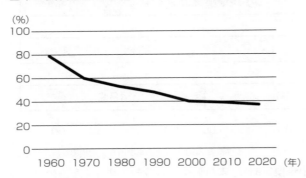

2020 年		(%)
食品		自給率
米	※	97
小麦	※	15
大豆	※	6
野菜	※	80
果実	※	38
肉類	※	53
鶏卵	※	97
牛乳・乳製品	※	61
食料自給率（カロリーベース）		37

※重量ベース

⑨ 日本の農業／代表的な農作物・畜産物ベスト

ものによっては特定の地方にかたよっているよ。

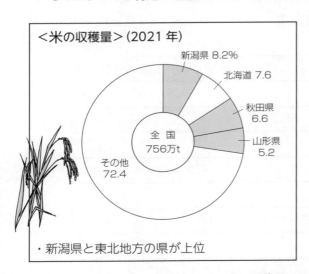

<米の収穫量>（2021 年）
新潟県 8.2%
北海道 7.6
秋田県 6.6
山形県 5.2
全国 756万t
その他 72.4

・新潟県と東北地方の県が上位

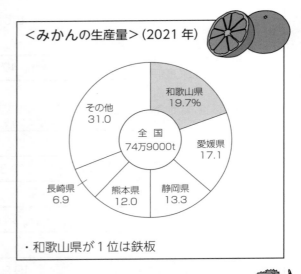

<みかんの生産量>（2021 年）
その他 31.0
和歌山県 19.7%
愛媛県 17.1
静岡県 13.3
熊本県 12.0
長崎県 6.9
全国 74万9000t

・和歌山県が 1 位は鉄板

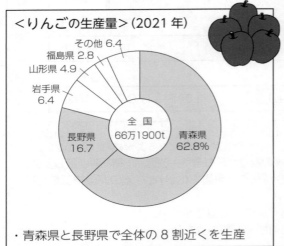

<りんごの生産量>（2021 年）
その他 6.4
福島県 2.8
山形県 4.9
岩手県 6.4
長野県 16.7
青森県 62.8%
全国 66万1900t

・青森県と長野県で全体の 8 割近くを生産

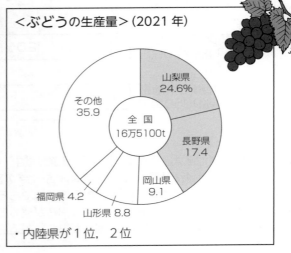

<ぶどうの生産量>（2021 年）
山梨県 24.6%
その他 35.9
長野県 17.4
岡山県 9.1
山形県 8.8
福岡県 4.2
全国 16万5100t

・内陸県が 1 位，2 位

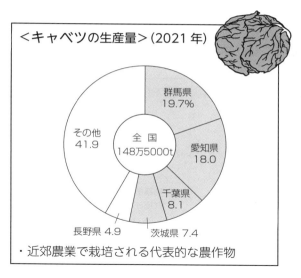

＜キャベツの生産量＞（2021年）

群馬県
19.7%

愛知県
18.0

千葉県
8.1

茨城県 7.4

長野県 4.9

その他
41.9

全 国
148万5000t

・近郊農業で栽培される代表的な農作物

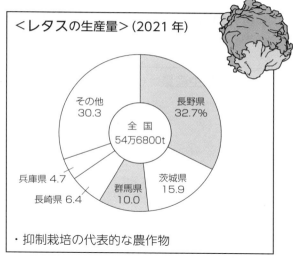

＜レタスの生産量＞（2021年）

長野県
32.7%

茨城県
15.9

群馬県
10.0

長崎県 6.4

兵庫県 4.7

その他
30.3

全 国
54万6800t

・抑制栽培の代表的な農作物

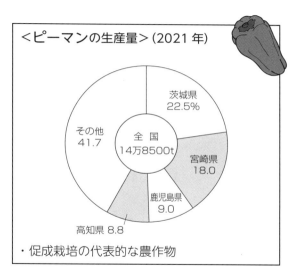

＜ピーマンの生産量＞（2021年）

茨城県
22.5%

宮崎県
18.0

鹿児島県
9.0

高知県 8.8

その他
41.7

全 国
14万8500t

・促成栽培の代表的な農作物

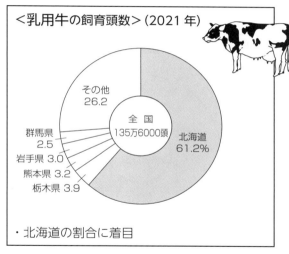

＜乳用牛の飼育頭数＞（2021年）

北海道
61.2%

栃木県 3.9

熊本県 3.2

岩手県 3.0

群馬県
2.5

その他
26.2

全 国
135万6000頭

・北海道の割合に着目

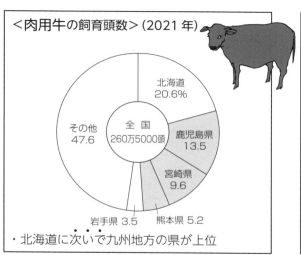

＜肉用牛の飼育頭数＞（2021年）

北海道
20.6%

鹿児島県
13.5

宮崎県
9.6

熊本県 5.2

岩手県 3.5

その他
47.6

全 国
260万5000頭

・北海道に次いで九州地方の県が上位

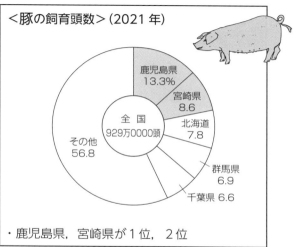

＜豚の飼育頭数＞（2021年）

鹿児島県
13.3%

宮崎県
8.6

北海道
7.8

群馬県
6.9

千葉県 6.6

その他
56.8

全 国
929万0000頭

・鹿児島県，宮崎県が1位，2位

⑩ 世界の農業／代表的な農作物関連ベスト

米・小麦で生産量1位の中国が輸出量の上位に出てこないのはなぜか考えてみよう。

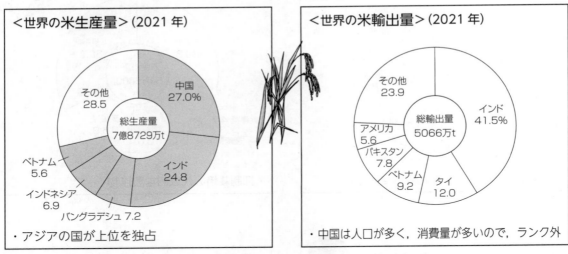

<世界の米生産量>（2021年）

総生産量
7億8729万t

中国 27.0%
インド 24.8
バングラデシュ 7.2
インドネシア 6.9
ベトナム 5.6
その他 28.5

・アジアの国が上位を独占

<世界の米輸出量>（2021年）

総輸出量
5066万t

インド 41.5%
タイ 12.0
ベトナム 9.2
パキスタン 7.8
アメリカ 5.6
その他 23.9

・中国は人口が多く，消費量が多いので，ランク外

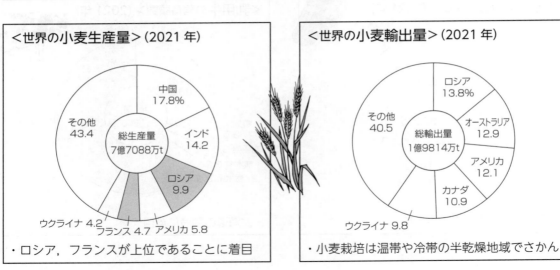

<世界の小麦生産量>（2021年）

総生産量
7億7088万t

中国 17.8%
インド 14.2
ロシア 9.9
アメリカ 5.8
フランス 4.7
ウクライナ 4.2
その他 43.4

・ロシア，フランスが上位であることに着目

<世界の小麦輸出量>（2021年）

総輸出量
1億9814万t

ロシア 13.8%
オーストラリア 12.9
アメリカ 12.1
カナダ 10.9
ウクライナ 9.8
その他 40.5

・小麦栽培は温帯や冷帯の半乾燥地域でさかん

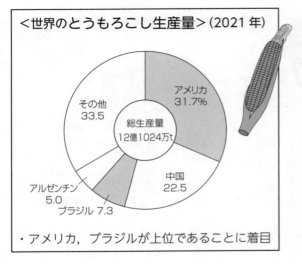

<世界のとうもろこし生産量>（2021年）

総生産量
12億1024万t

アメリカ 31.7%
中国 22.5
ブラジル 7.3
アルゼンチン 5.0
その他 33.5

・アメリカ，ブラジルが上位であることに着目

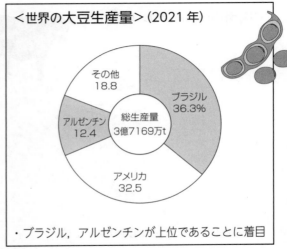

<世界の大豆生産量>（2021年）

総生産量
3億7169万t

ブラジル 36.3%
アメリカ 32.5
アルゼンチン 12.4
その他 18.8

・ブラジル，アルゼンチンが上位であることに着目

⑪ 日本の貿易——輸入品目を中心として
機械類以外の品目に，その国・地域の特色が表れているよ。

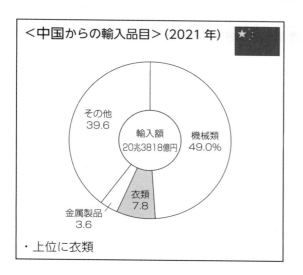

<中国からの輸入品目>（2021年）

その他 39.6
輸入額 20兆3818億円
機械類 49.0%
衣類 7.8
金属製品 3.6

・上位に衣類

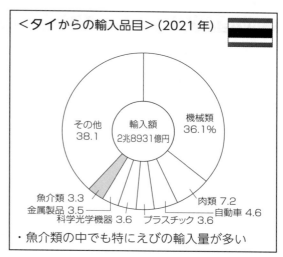

<タイからの輸入品目>（2021年）

その他 38.1
輸入額 2兆8931億円
機械類 36.1%
魚介類 3.3
金属製品 3.5
科学光学機器 3.6
プラスチック 3.6
肉類 7.2
自動車 4.6

・魚介類の中でも特にえびの輸入量が多い

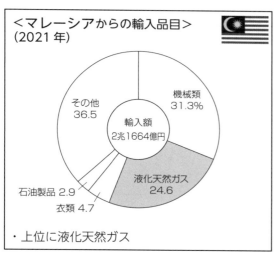

<マレーシアからの輸入品目>（2021年）

その他 36.5
輸入額 2兆1664億円
機械類 31.3%
石油製品 2.9
衣類 4.7
液化天然ガス 24.6

・上位に液化天然ガス

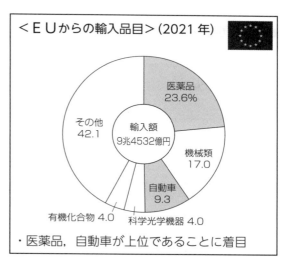

<EUからの輸入品目>（2021年）

その他 42.1
輸入額 9兆4532億円
医薬品 23.6%
機械類 17.0
自動車 9.3
有機化合物 4.0
科学光学機器 4.0

・医薬品，自動車が上位であることに着目

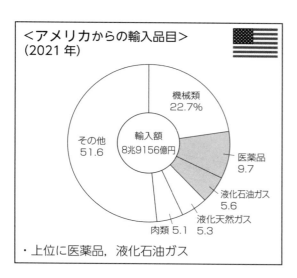

<アメリカからの輸入品目>（2021年）

その他 51.6
輸入額 8兆9156億円
機械類 22.7%
医薬品 9.7
液化石油ガス 5.6
液化天然ガス 5.3
肉類 5.1

・上位に医薬品，液化石油ガス

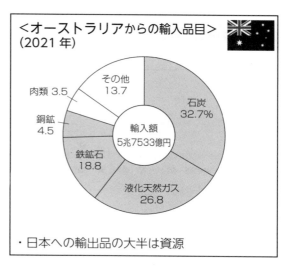

<オーストラリアからの輸入品目>（2021年）

その他 13.7
肉類 3.5
銅鉱 4.5
鉄鉱石 18.8
輸入額 5兆7533億円
石炭 32.7%
液化天然ガス 26.8

・日本への輸出品の大半は資源

下の各問いに答えよう。

① 茨城県や千葉県などの大消費地周辺で行われている，新鮮な野菜を大消費地に出荷する農業は

_____ である。

❷ *_____ は，暖かい気候を利用した，高知県や宮崎県などで行われている栽培方法である。

*_____ は，価格の高い時期に出荷するため，農作物の生長を早めて出荷時期をずらす栽培方法である。

❸ *_____ は，すずしい気候を利用した，長野県や群馬県などで行われている栽培方法である。

*_____ は，価格の高い時期に出荷するため，農作物の生長を遅らせて出荷時期をずらす栽培方法である。

❹ 沿岸から200海里以内について，沿岸国が魚などの水産資源や，石油などの鉱産資源を管理できる水域は *_____ である。

資料1の★に当てはまることばは *_____ である。

⑤ _____ は，稚魚をある程度の大きさまで育てたのち，海や川に放流し，自然の中で育てる漁業である。

⑥ 網を張った海や人工的な池で，魚を増やす漁業は _____ である。

⑦ 資料2で，工業がさかんな関東から北九州まで帯状にのびる地域を _____ という。

❽ 日本の三大工業地帯のうち，工業生産額が最も高い工業地帯は *_____ である。

豊田市を中心に自動車工業がさかんであり，特に工業生産額に占める機械の割合が高い工業地帯は

*_____ である。

⑨ 日本の三大工業地帯のうち，大阪府や兵庫県で発達し，工業生産額に占める化学や金属の割合が高い工業地帯は _____ である。

資料1

大気圏外
大気圏内
領空
公空
領土 領海 ★ 公海
（干潮時の海岸線）
海面
12海里
200海里

資料2

重要 単語をキーワードといっしょに覚えよう！ ―日本の産業―

テーマ	単語	キーワード	ワンポイントアドバイス
農業	近郊農業	「大消費地の近く」 「茨城県」「千葉県」	「促成」は「早める」 「抑制」は「遅らせる」
	促成栽培	「暖かい」「生長を早める」 「高知県」「宮崎県」 「ピーマン」「ナス」	
	抑制栽培	「すずしい」「生長を遅らせる」 「長野県」「群馬県」 「レタス」	
水産業	（排他的） 経済水域	「沿岸から200海里」	領海はふくまない
	栽培漁業	「稚魚」「放流」 「自然の中で育てる」	魚が外海に出られるのが栽培漁業， 一生を池で過ごすのが養殖（漁業）
	養殖（漁業）	「人工的な池（いけす）」	
工業	太平洋ベルト	「帯状の工業地域」	三大工業地帯は， 京浜・中京・阪神
	中京工業地帯	「日本で工業生産額が最も高い」 「愛知県」「自動車」	
	阪神工業地帯	「機械の割合が低い」	

排他的経済水域
領土沿岸から領海をのぞいた200海里

　かつて，政府は多額の資金を投じて日本最南端の島「沖ノ鳥島」の護岸工事を行った。沖ノ鳥島が失われると，沖ノ鳥島を中心とする広大な排他的経済水域が失われてしまうからだ。このことは，排他的経済水域と関連させて覚えておこう。

① 近郊農業　❷ 促成栽培（そくせいさいばい）　❸ 抑制栽培（よくせい）　④ （排他的）経済水域（はいたてき）　⑤ 栽培漁業

⑥ 養殖（漁業）（ようしょく）　⑦ 太平洋ベルト　❽ 中京工業地帯　⑨ 阪神工業地帯

地形図から読み取れることとして，正しいものには○を，誤っているものには×を付けよう。

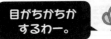

縮尺：25000 分の 1

① 西湊町には神社が多く見られる。　　　　　　　　　　　　　　　　① _____

② 東湊町には小学校または中学校が見られる。　　　　　　　　　　② _____

③ この地形図で，２点間の距離が２cmだった場合，実際の距離は 1000 mである。　③ _____

④ この地形図で，１００mは０．４cmで表される。　　　　　　　　④ _____

⑤ 協和町には老人ホーム以外に，図書館が見られる。　　　　　　　⑤ _____

⑥ 高砂町に見られる ✕ は，交番を表す地図記号である。　　　　　⑥ _____

⑦ 水田または畑は，この地形図にはまったく見られない。　　　　　⑦ _____

⑧ 発電所 (変電所) は，この地形図には１つもない。　　　　　　　⑧ _____

⑨ 南宗寺庭園から見て，クボタ工場は南の方角にある。　　　　　　⑨ _____

⑩ 西湊町にある郵便局から見て，旭ヶ丘南町にある郵便局は南西の方角にある。　⑩ _____

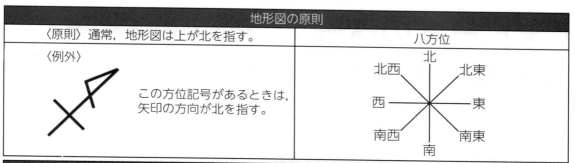

地形図の原則	
〈原則〉通常，地形図は上が北を指す。 〈例外〉 この方位記号があるときは，矢印の方向が北を指す。	八方位 北西　北　北東 西　　　　東 南西　南　南東

③④縮尺の計算

実際の距離＝地形図上の距離÷縮尺

例）縮尺２５０００分の１の地形図上の２㎝の実際の距離（x）を求める。

$$x = 2 \div \frac{1}{25000} = 2 \times 25000 = 50000 \text{（㎝）} \rightarrow 500 \text{m}$$

等高線の間隔

２５０００分の１の地形図→１０mごとに等高線が引かれる
５００００分の１の地形図→２０mごとに等高線が引かれる

 　　地形図は，ルールのかたまりといえる。それだけに，覚えないといけないことが多いので，日々の努力が現れやすいね。

重要 地図記号をまとめて覚えよう！　―絶対に覚えたい１５の地図記号―

田（水田）	‖	畑	∨	果樹園	○
針葉樹林	∧	広葉樹林	Q	警察署	⊗
発電所 （変電所）	☼	小・中学校	文	高等学校	⊗
神社	鳥居記号	寺院	卍	老人ホーム	老人ホーム記号
博物館	博物館記号	図書館	図書館記号	風車	風車記号

① ×　② ○　③ ×　④ ○　⑤ ○　⑥ ○　⑦ ○　⑧ ×　⑨ ○　⑩ ×

③ 日本の気候

暑いのは好き？ 僕は嫌いだなー。
寒いのは好き？ 僕は嫌いだなー。

各問いに当てはまることばを【語群】から選ぼう。なお，雨温図は，新潟市，静岡市，長野市，高松市のいずれかである。

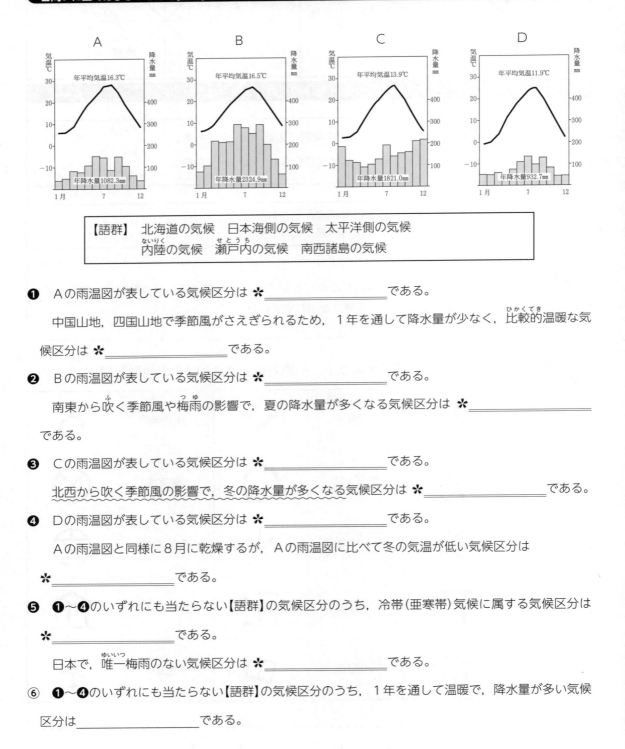

【語群】 北海道の気候　日本海側の気候　太平洋側の気候
　　　　内陸（ないりく）の気候　瀬戸内（せとうち）の気候　南西諸島の気候

❶　Aの雨温図が表している気候区分は ✻＿＿＿＿＿＿＿＿＿＿である。

　　中国山地，四国山地で季節風がさえぎられるため，1年を通して降水量が少なく，比較的（ひかくてき）温暖な気

候区分は ✻＿＿＿＿＿＿＿＿＿＿である。

❷　Bの雨温図が表している気候区分は ✻＿＿＿＿＿＿＿＿＿＿である。

　　南東から吹（ふ）く季節風や梅雨（つゆ）の影響で，夏の降水量が多くなる気候区分は ✻＿＿＿＿＿＿＿＿＿＿

である。

❸　Cの雨温図が表している気候区分は ✻＿＿＿＿＿＿＿＿＿＿である。

　　北西から吹く季節風の影響で，冬の降水量が多くなる気候区分は ✻＿＿＿＿＿＿＿＿＿＿である。

❹　Dの雨温図が表している気候区分は ✻＿＿＿＿＿＿＿＿＿＿である。

　　Aの雨温図と同様に8月に乾燥するが，Aの雨温図に比べて冬の気温が低い気候区分は

✻＿＿＿＿＿＿＿＿＿＿である。

❺　❶～❹のいずれにも当たらない【語群】の気候区分のうち，冷帯（亜寒帯）気候に属する気候区分は

✻＿＿＿＿＿＿＿＿＿＿である。

　　日本で，唯一（ゆいいつ）梅雨のない気候区分は ✻＿＿＿＿＿＿＿＿＿＿である。

❻　❶～❹のいずれにも当たらない【語群】の気候区分のうち，1年を通して温暖で，降水量が多い気候

区分は＿＿＿＿＿＿＿＿＿＿である。

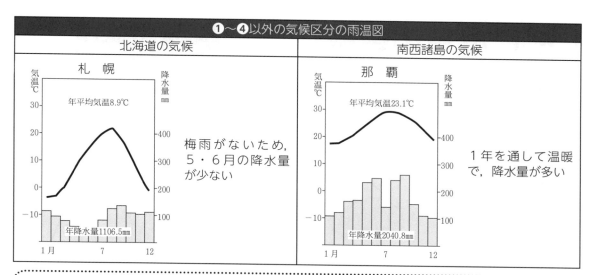

北海道の気候		南西諸島の気候
札幌		那覇
年平均気温8.9℃	梅雨がないため，5・6月の降水量が少ない	年平均気温23.1℃
年降水量1106.5mm		1年を通して温暖で，降水量が多い
		年降水量2040.8mm

「夏」に降水量が多ければ太平洋側の気候
「冬」に降水量が多ければ日本海側の気候

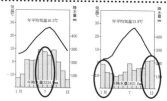

　瀬戸内の気候と内陸の気候の雨温図は慣れないと見分けるのが難しいが，日本海側の気候と太平洋側の気候の雨温図は一目瞭然（いちもくりょうぜん）。この２つのちがいは，ぜひ覚えよう。

重要 単語をキーワードといっしょに覚えよう！　―日本の気候―

単語	キーワード	ワンポイントアドバイス
北海道の気候	「梅雨がない」「冷帯（亜寒帯）」	冬の気温が０度を下回る
日本海側の気候	「冬の降水量が多い」「北西から吹く季節風」	太平洋側の気候に比べて，季節風をからめた問題が多い
太平洋側の気候	「夏の降水量が多い」	梅雨・季節風・台風が影響する
内陸の気候	「冬の気温が低い」	瀬戸内の気候より気温差が大きい
瀬戸内の気候	「特に８月に雨が少ない」	中央高地の気候より冬の気温は高い
南西諸島の気候	「１年を通して温暖」	沖縄県は亜熱帯の気候に属する

❶　瀬戸内の気候　❷　太平洋側の気候　❸　日本海側の気候　❹　内陸の気候　❺　北海道の気候

⑥　南西諸島の気候　（A　高松市　B　静岡市　C　新潟市　D　長野市）

4 世界の気候

各問いに当てはまることばを【語群】から選ぼう。なお，雨温図は，シンガポール，カイロ，モスクワ，バローのいずれかである。

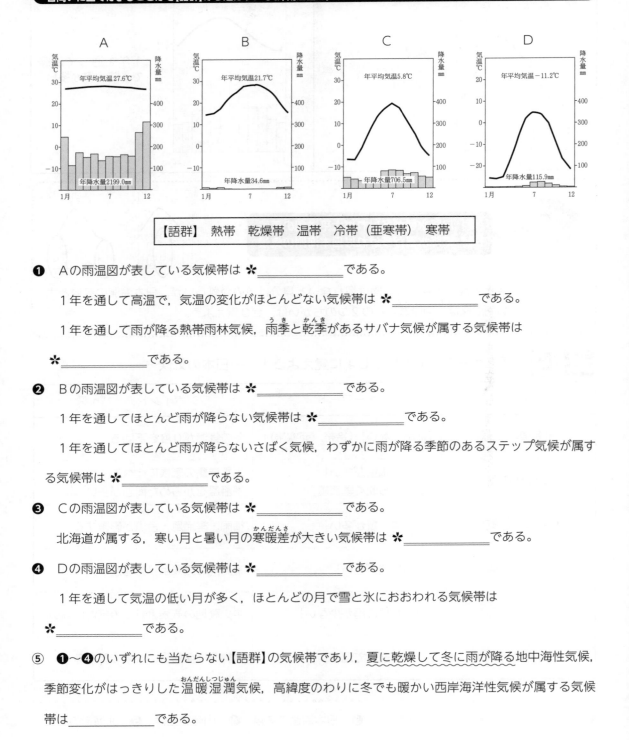

【語群】　熱帯　乾燥帯　温帯　冷帯（亜寒帯）　寒帯

❶　Aの雨温図が表している気候帯は ＊＿＿＿＿＿＿である。

　　1年を通して高温で，気温の変化がほとんどない気候帯は ＊＿＿＿＿＿＿である。

　　1年を通して雨が降る熱帯雨林気候，雨季と乾季があるサバナ気候が属する気候帯は

　＊＿＿＿＿＿＿である。

❷　Bの雨温図が表している気候帯は ＊＿＿＿＿＿＿である。

　　1年を通してほとんど雨が降らない気候帯は ＊＿＿＿＿＿＿である。

　　1年を通してほとんど雨が降らないさばく気候，わずかに雨が降る季節のあるステップ気候が属する気候帯は ＊＿＿＿＿＿＿である。

❸　Cの雨温図が表している気候帯は ＊＿＿＿＿＿＿である。

　　北海道が属する，寒い月と暑い月の寒暖差が大きい気候帯は ＊＿＿＿＿＿＿である。

❹　Dの雨温図が表している気候帯は ＊＿＿＿＿＿＿である。

　　1年を通して気温の低い月が多く，ほとんどの月で雪と氷におおわれる気候帯は

　＊＿＿＿＿＿＿である。

⑤　❶〜❹のいずれにも当たらない【語群】の気候帯であり，夏に乾燥して冬に雨が降る地中海性気候，季節変化がはっきりした温暖湿潤気候，高緯度のわりに冬でも暖かい西岸海洋性気候が属する気候帯は＿＿＿＿＿＿である。

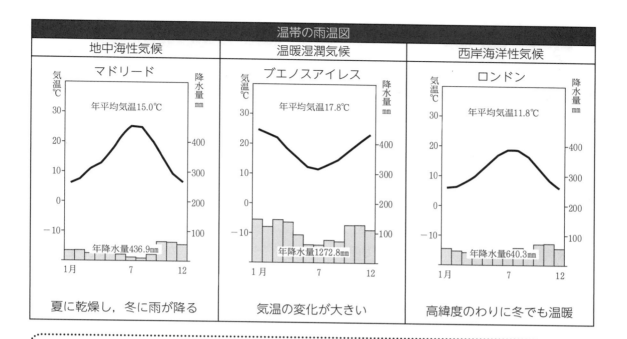

温帯の雨温図		
地中海性気候	温暖湿潤気候	西岸海洋性気候
マドリード 年平均気温15.0℃ 年降水量436.9㎜	ブエノスアイレス 年平均気温17.8℃ 年降水量1272.8㎜	ロンドン 年平均気温11.8℃ 年降水量640.3㎜
夏に乾燥し，冬に雨が降る	気温の変化が大きい	高緯度のわりに冬でも温暖

世界の雨温図攻略法
サバナ気候のような「気候区分」ではなく，熱帯のような「気候帯」で覚える

　入試における雨温図や気候帯（気候区分）の出題頻度はかなり高い。ただやみくもに用語を暗記しても得点につながりにくいからだ。まず，気候帯を覚えよう。南半球に位置する都市は，上のブエノスアイレスのように，北半球と季節が逆になるので覚えておこう。

重要 単語をキーワードといっしょに覚えよう！　―世界の気候―

単語	キーワード	ワンポイントアドバイス
熱帯	「1年を通して高温」	温度変化で見分ける
乾燥帯	「ほとんど雨が降らない」	降水量で見分ける
温帯	「はっきりとした四季がある」	日本の大部分は温暖湿潤気候
冷帯（亜寒帯）	「気温の寒暖差が大きい」	北海道はこの気候帯
寒帯	「1年を通して寒さが厳しい」	最も暖かい月の平均気温は10℃以下

❶ 熱帯　❷ 乾燥帯　❸ 冷帯(亜寒帯)　❹ 寒帯　⑤ 温帯　（A　シンガポール　B　カイロ
C　モスクワ　D　バロー〈アメリカの都市〉）

前から思ってたんだけど，
地理の用語って地味に難しいよね。

下の各問いに答えよう。

❶ 1年を通して吹く，西よりの風は ✱＿＿＿＿＿＿＿である。

ヨーロッパの大部分が高緯度のわりに冬でも温暖なのは，ヨーロッパの西岸を流れる暖流（だんりゅう）

（北大西洋海流（きたたいせいようかいりゅう））と，その上を吹く ✱＿＿＿＿＿＿ の影響を受けるからである。

❷ モンスーンとも呼ばれる，日本にはっきりとした四季をもたらす風は ✱＿＿＿＿＿＿である。

冬に日本海側に降雪をもたらす風は ✱＿＿＿＿＿＿である。

瀬戸内地方は，夏は南東から吹く風が四国山地でさえぎられ，冬は北西から吹く風が中国山地でさ

えぎられるため，年間降水量が非常に少ない。このような風を ✱＿＿＿＿＿＿という。

❸ 資料1で，東北地方の太平洋側に北東から吹くZの風は ✱＿＿＿＿＿＿である。

東北地方の太平洋側では，数年に一度，Yの寒流の影響を受けて冷たく湿った ✱＿＿＿＿＿＿

の影響で，夏に冷害（れいがい）（農作物が不作になること）が起きる。

④ 資料1でXが示している，太平洋沿岸（えんがん）を北上する暖流は＿＿＿＿＿＿である。

⑤ 資料1でYが示している，太平洋沿岸を南下する寒流（かんりゅう）は＿＿＿＿＿＿である。

⑥ 資料1でXとYがぶつかる＿＿＿＿＿＿は，プランクトンが豊富な好漁場（こうぎょじょう）となっている。

❼ 日本では東北地方の三陸海岸，福井県（ふくい）の若狭湾岸（わかさわんがん）などに見られる，複雑に入り組んだ海岸線は

✱＿＿＿＿＿＿である。

資料1で，◯◯◯◯で囲まれた地形は ✱＿＿＿＿＿＿である。

資料2は，三重県（みえ）の志摩半島（しま）に見られる ✱＿＿＿＿＿＿である。

⑧ 北海道をのぞく日本各地で，6月から7月にかけてまとまった雨が降る時期を＿＿＿＿＿＿という。

⑨ 自然災害の被害を予測した＿＿＿＿＿＿を，国や地方公共団体は作成している。

資料1

資料2

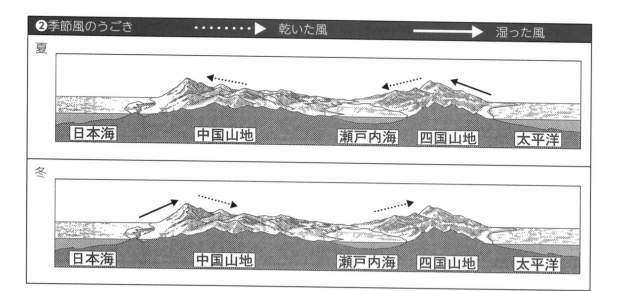

❷季節風のうごき　••••••••▶ 乾いた風　　─────▶ 湿った風

夏

日本海　　中国山地　　瀬戸内海　　四国山地　　太平洋

冬

日本海　　中国山地　　瀬戸内海　　四国山地　　太平洋

湿った風は雨（雪）を降らせ，乾いた風は晴天をもたらす

　上の図からもわかるように，瀬戸内海（瀬戸内地方）には，1年を通して晴天をもたらす乾いた風が吹く。そのため，瀬戸内地方は，1年を通して降水量が少ない。13ページにもどってＡの雨温図を見返してみよう。今までとは違った見方ができるよ。

重要　単語をキーワードといっしょに覚えよう！　―気象―

テーマ	単語	キーワード	ワンポイントアドバイス
風	偏西風	「西から東に向かって吹く」	ヨーロッパは偏西風 アジアは季節風 日本の東北地方の太平洋側はやませについて問われることが多い
	季節風	「日本にはっきりとした四季をもたらす」	
	やませ	「冷害の原因」	
海流	黒潮（日本海流）	「太平洋沿岸を北上する暖流」	黒潮・日本海流・暖流でワンセット 親潮・千島海流・寒流でワンセット
	親潮（千島海流）	「太平洋沿岸を南下する寒流」	
地形	リアス海岸	「複雑に入り組んだ海岸線」	東北地方の三陸海岸， 福井県の若狭湾岸などに見られる

❶　偏西風　❷　季節風　❸　やませ　④　黒潮〔日本海流〕　⑤　親潮〔千島海流〕　⑥　潮目〔潮境〕

❼　リアス海岸　⑧　梅雨　⑨　ハザードマップ

なんで社会の勉強をしてるのに
計算をしなきゃならないんだよ！

下の世界地図を参考にして，各問いに答えよう。なお，サマータイムは考慮しないものとする。

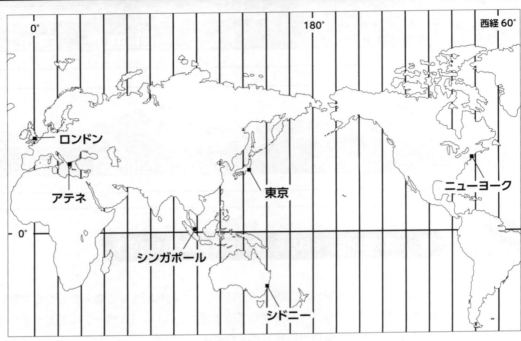

① 世界の標準時のもととなる経度０度の経線は，イギリスのロンドンにある旧グリニッジ天文台を通る。この経線を＿＿＿＿＿＿＿という。

② 日本の標準時子午線は東経１３５度の経線である。この経線は，兵庫県の＿＿＿＿＿市を通る。

③ ほぼ経度１８０度の経線に沿って引かれ，この線を東から西にこえるときは日付を１日進ませ，西から東にこえるときは１日遅らせる。この線を＿＿＿＿＿＿＿という。

④ マレー半島の先端にあるシンガポール付近を通る，緯度０度の緯線は＿＿＿＿＿である。

⑤ 東京とロンドンの時差は＿＿＿＿＿時間である。なお，経度差１５度で１時間の時差が生じる。

⑥ 東京とアテネの時差は＿＿＿＿＿時間である。なお，アテネの標準時子午線は東経３０度の経線である。

⑦ 東京が１月１日午後１１時のとき，ニューヨークは＿＿＿月＿＿＿日＿＿＿＿＿時である。午前・午後をふくめて書こう。なお，ニューヨークの標準時子午線は西経７５度の経線である。

⑧ 東京が１月１日午後１０時のとき，シドニーは＿＿＿月＿＿＿日＿＿＿＿＿時である。午前・午後をふくめて書こう。なお，シドニーの標準時子午線は東経１５０度の経線である。

⑨ シドニーが１月１日午前１０時のとき，ニューヨークは＿＿＿月＿＿＿日＿＿＿＿＿時である。午前・午後をふくめて書こう。

2都市間の経度差を求めて，15で割る！
⇒東経と東経，西経と西経の組み合わせなら，ひき算をして15で割る
⇒東経と西経の組み合わせなら，たし算をして15で割る

⑤　≪東経と0度≫　　１３５－０＝１３５（度）　　　　よって，１３５÷１５＝９（時間）
⑥　≪東経と東経≫　　１３５－３０＝１０５（度）　　　　よって，１０５÷１５＝７（時間）
⑦　≪東経と西経≫　　１３５＋７５＝２１０（度）　　　　よって，２１０÷１５＝１４（時間）
　　東京の方が東に位置しているから，ニューヨークの時刻は日本の１４時間前となる。
⑧　≪東経と東経≫　　１５０－１３５＝１５（度）　　　　よって，１５÷１５＝１（時間）
　　東京の方が西に位置しているから，シドニーの時刻は日本の１時間後となる。
⑨　≪東経と西経≫　　１５０＋７５＝２２５（度）　　　　よって，２２５÷１５＝１５（時間）
　　シドニーの方が東に位置しているから，ニューヨークの時刻はシドニーの１５時間前となる。

「東京が何月何日何時のとき，○○は何月何日何時か」系の問題は，だいたい時刻を遅らせる

　時刻は東経１８０度に近いほど早く，西経１８０度に近いほど遅くなる──ちょっと強引だけど，こうやって覚えておけばいい。日本より時刻が早いところは，オーストラリアの一部とニュージーランドくらい。オセアニア州にある国の時刻を問われたら注意しておくくらいでいい。

重要　単語をキーワードといっしょに覚えよう！　―世界地理の基礎―

単語	キーワード	ワンポイントアドバイス
本初子午線	「イギリス」「ロンドン」「経度０度」	「子午」の「子」は北，「午」は南を表している
日本の標準時子午線	「東経１３５度」「兵庫県明石市」	明石市が出てくるのはここだけ
日付変更線	「ほぼ経度１８０度の経線」	日付変更線は，陸地にかからないように引かれている
赤道	「緯度０度」「シンガポール付近」	左ページの地図で赤道を確認！

① 本初子午線　② 明石　③ 日付変更線　④ 赤道　⑤ ９　⑥ ７　⑦ １（月）１（日）午前９（時）

⑧ １（月）１（日）午後１１（時）　⑨ １２（月）３１（日）午後７（時）

資料の写真が多いと
なんかホッとするのは僕だけ？

下の各問いに答えよう。

❶ 山梨県に見られる，資料１の写真のような地形は ＊＿＿＿＿＿＿＿＿である。
河川が山間部から平地に出た付近で土砂が積もってできる地形は ＊＿＿＿＿＿＿＿＿である。
＊＿＿＿＿＿＿＿＿は，水はけがよいため果樹園として利用されることが多い。山梨県では，この地形を利用して乾燥に強いぶどうを栽培している。

❷ 広島市などに見られる，資料２の写真のような地形は ＊＿＿＿＿＿＿＿＿である。
平野の河口付近で土砂が積もってできる地形は ＊＿＿＿＿＿＿＿＿である。
＊＿＿＿＿＿＿＿＿は，水持ちがよいため水田として利用されることが多い。

③ 日本で最も長い河川は，長野県と新潟県を流れる＿＿＿＿＿＿＿＿である。

④ 日本で最も流域面積が広い河川は，関東地方を流れる＿＿＿＿＿＿＿＿である。

❺ 日本で最も面積の広い湖は，滋賀県にある ＊＿＿＿＿＿＿＿＿である。
かつて ＊＿＿＿＿＿＿＿＿では，リンをふくむ洗剤を用いたために，プランクトンが異常繁殖する赤潮が発生した。そのため，現在，この湖がある滋賀県ではリンをふくむ洗剤の使用等が条例で禁止されている。

⑥ 資料３の飛騨山脈（北アルプス），木曽山脈（中央アルプス），赤石山脈（南アルプス）は，いずれも３０００ｍ級の山々がそびえる山脈である。これら３つの山脈を合わせて＿＿＿＿＿＿＿＿という。

❼ 資料４の★は，日本の最北端の ＊＿＿＿＿＿＿＿＿である。
ロシアが占領している北方領土のうち，最大の面積を持つ島は ＊＿＿＿＿＿＿＿＿である。

⑧ 資料５の島は，日本の最南端の＿＿＿＿＿＿＿＿である。

資料１

資料２

資料３

飛騨山脈
木曽山脈
赤石山脈

資料４

資料５

❼⑧日本の端			
端	島	所属	特徴
最北端	択捉島 （えとろふ）	北海道	ロシアが占領している北方領土の一つ
最東端	南鳥島 （みなみとり）	東京都	無人島だが，気象観測地がある
最西端	与那国島 （よなぐに）	沖縄県	ヨナグニサン（ガの一種）などの，希少生物が多い
最南端	沖ノ鳥島 （おきのとり）	東京都	水没を防ぐため，護岸工事が行われた

同じ川でも県によって呼び名が変わる

　信濃川（しなの）は長野県内では千曲川（ちくま）と呼ばれ，滋賀県の琵琶湖（びわこ）から流れる瀬田川（せた）は，京都府内では宇治川（うじ），大阪府内では淀川（よど）と呼ばれている。このような川は全国的にもめずらしくなく，身近な地域を流れる川が，他県では意外な名称で呼ばれているかもしれない。

重要 単語をキーワードといっしょに覚えよう！　―日本の自然―

単語	キーワード	ワンポイントアドバイス
扇状地 （せんじょうち）	「山間部から平地に出た付近」 「水はけがよい」「果樹園」	写真や地形図に， 「山」があれば扇状地 「海」があれば三角州
三角州 （さんかくす）	「平野の河口付近」 「水持ちがよい」「水田」	
信濃川	「日本一長い河川」	「長さ」は信濃川， 「流域面積」は利根川
利根川 （とね）	「日本一流域面積の広い河川」	
琵琶湖	「日本一面積の広い湖」「滋賀県」	滋賀県の面積の6分の1を占める
日本アルプス	「飛騨山脈・木曽山脈・赤石山脈」 「3000m級の山々」	長野県はいずれの山脈もふくむ

❶　扇状地　❷　三角州　③　信濃川　④　利根川　❺　琵琶湖　⑥　日本アルプス

❼　択捉島　⑧　沖ノ鳥島

8 世界の自然

 大丈夫，カタカナに拒否反応を起こす人はいっぱいいる。

下の各問いに答えよう。

① 地図1で，ヨーロッパ州からアジア州にかけてのびるAの造山帯（ぞうざんたい）は_____である。

❷ 地図1で，太平洋を取り巻くようにのびるBの造山帯は ✱_____である。

日本列島，アンデス山脈をはじめ，太平洋を取り巻くように連なる山脈や島々をふくむ造山帯は

✱_____である。

③ 地図1のCの範囲に広がる，世界最大の砂漠（さばく）は_____である。

④ 地図1のXの海洋は_____である。なお，この海洋は世界で最も広い。

⑤ 地図1のYの海洋は_____である。なお，この海洋は世界で2番目に広い。

⑥ 地図1のZの海洋は_____である。なお，この海洋は世界で3番目に広い。

⑦ 地図2は，地図1に示されている大陸の一部を拡大したものである。Bの造山帯にふくまれるDの

山脈は_____である。

⑧ 六大陸のうち，地図2で主に描かれている大陸は_____である。

❾ 六大陸のうち，地図1に描かれていない大陸は ✱_____である。

六大陸のうち，どの国の領土にも属さない大陸は ✱_____である。

❿ 世界で最も面積の広い大陸は ✱_____である。

ヨーロッパ州，アジア州をふくむ大陸は ✱_____である。

⓫ 世界で最も面積の狭い大陸は ✱_____である。

六大陸のうち，1つの大陸に1国のみがある大陸は ✱_____である。

⓬ 六大陸のうち，2番目に面積の広い大陸は ✱_____である。

かつて，ほとんどの国がヨーロッパの国々の植民地とされたため，経緯線（けいいせん）を利用した国境線（こっきょうせん）を持つ

国が多い大陸は ✱_____である。

⑬ 六大陸のうち，世界で最も流域面積が広い河川が流れている大陸は_____である。

地図1

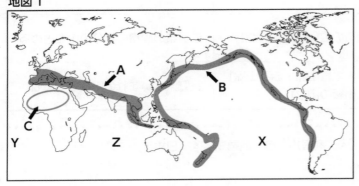

地図2

①アルプス・ヒマラヤ造山帯にふくまれる山脈

・アルプス山脈 —ヨーロッパ—
〔代表的な山〕マッターホルン：スイスとイタリアの国境にある山

・ヒマラヤ山脈 —アジア—
〔代表的な山〕エベレスト（チョモランマ）：世界で最も標高が高い山

マッターホルン

❷環太平洋造山帯にふくまれる島・山脈

太平洋

・ニュージーランド
・日本列島
・ロッキー山脈（北アメリカ大陸）
・アンデス山脈（南アメリカ大陸）

「環」は「周囲をかこむ（取り巻く）」という意味。だから，「環太平洋造山帯」は，「太平洋をかこむ造山帯」という意味になる。

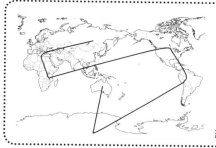

大陸の面積順位の覚え方

1. ユーラシア大陸＞2. アフリカ大陸＞3. 北アメリカ大陸＞
4. 南アメリカ大陸＞5. 南極大陸＞6. オーストラリア大陸
線でつなぐと，左図のようなＳ字形になるんだ。

重要 単語をキーワードといっしょに覚えよう！ —世界の自然—

単語	キーワード	ワンポイントアドバイス
アルプス・ヒマラヤ造山帯	「アルプス山脈」「ヒマラヤ山脈」「ヨーロッパからアジア」	非常に険しく高い山
環太平洋造山帯	「日本列島」「ロッキー山脈」	火山が多く，地震が頻発する
サハラ砂漠	「世界最大の砂漠」「サヘル」	サヘル：サハラ砂漠のふち一帯
ユーラシア大陸	「世界最大の大陸」	ヨーロッパ州とアジア州で構成

① アルプス・ヒマラヤ造山帯 ❷ 環太平洋造山帯 ③ サハラ砂漠 ④ 太平洋 ⑤ 大西洋

⑥ インド洋 ⑦ ロッキー山脈 ⑧ 北アメリカ大陸 ❾ 南極大陸 ❿ ユーラシア大陸

⓫ オーストラリア大陸 ⓬ アフリカ大陸 ⑬ 南アメリカ大陸

資料2が可愛いと思うんだけど，きっとみんなが賛成してくれるって信じてる。

下の各問いに答えよう。

① 縄文時代，豊作を願って作られたと考えられている資料1は_____である。

❷ 倭の３０あまりの小国をしたがえた邪馬台国の女王は ✱_____である。

　✱_____は魏に使いを送り，皇帝から「親魏倭王」の称号と金印のほか，銅鏡などを授かった。

③ 人や家，動物などの形を模して，古墳に並べられた資料2は_____である。

❹ ✱_____は，家がらにとらわれず，才能や手がらのある人物を役人に取り立てるため，冠位十二階を制定した。

　推古天皇の摂政として，小野妹子を遣隋使として送った人物は ✱_____である。

⑤ ❹の人物が仏教や儒教（儒学）の考え方を取り入れて，役人の心得を示すために定めた資料3は_____である。

⑥ 中大兄皇子・中臣鎌足らによって行われた改革は_____である。

❼ ６６３年，唐・新羅の連合軍に攻められた百済を助けるため，倭（日本）が援軍を送ったものの大敗した戦いは ✱_____の戦いである。

　✱_____の戦い以降，中大兄皇子は北九州の防備をかため，唐・新羅からの攻撃に備えた。その後，天智天皇として即位し，初めて統一的な戸籍をつくった。

⑧ 律令制度にもとづき，さまざまな税が課せられた。そのうち_____は，稲の収穫量の約３％を納める税である。

⑨ 律令制度にもとづいて課せられた税のうち，_____は，地方の特産物を都に納める税である。

⑩ 律令制度にもとづく兵役のうち，北九州の警備についた人は_____と呼ばれる。

⓫ ６３０年以降，唐の進んだ制度や文化を取り入れることを目的として，日本から唐に送られた使節は ✱_____である。

　８９４年，唐の衰退と航海の危険を理由に，菅原道真は ✱_____の延期を進言した。

⑫ ７０１年，唐にならって制定された日本初の本格的な律令は_____である。

資料1

資料2

資料3

> 一に曰く，和をもって貴しとなし，さからうことなきを宗とせよ。
> 二に曰く，あつく三宝を敬え。三宝とは仏・法・僧なり。

❹❺聖徳太子の業績	
内容	目的
冠位十二階の制定	才能や手がらのある人物を役人に取り立てるため
十七条の憲法の制定	役人の心得を示すため
法隆寺の建立	仏教を広めるため

※法隆寺は世界文化遺産に登録されているよ

誤解しやすい大化の改新

大化の改新とは，蘇我氏を倒した後に行われた一連の政治改革のこと。「蘇我氏の滅亡」そのものを指す用語は別にある（乙巳の変という）ので，混同しないように気をつけよう。

❽❾奈良時代の主な税		
税	内容	納税先
租	稲	地方（国府）
調	地方の特産物	都
庸	布／労役	都
防人	北九州の警備	

重要 事項をできごとが起こった順に覚えよう！ ―弥生・古墳・飛鳥―

テーマ	できごと	ワンポイントアドバイス
日本と中国の関係	倭の奴国の王 が漢に使いを送る ↓ └ 漢委奴国王／金印 卑弥呼 が魏に使いを送る ↓ └ 邪馬台国の女王／親魏倭王 倭の五王 が南朝に使いを送る ↓ └ ワカタケル大王はその一人 聖徳太子（厩戸皇子） が遣隋使を送る ↓ └ 冠位十二階／十七条の憲法 ６３０～８９４年にかけて 遣唐使 を送る └ 菅原道真の進言で停止	使いを送った中国の王朝は， 漢→魏→南朝→隋→唐 と変化している
飛鳥時代の動乱	大化の改新 が始まる ↓ └ 中大兄皇子・中臣鎌足 白村江の戦い が起こる ↓ └ 百済を助けるため 天智天皇 が即位する ↓ └ 中大兄皇子のこと 壬申の乱 が起こる ↓ └ 大海人皇子が勝利する 天武天皇 が即位する └ 大海人皇子のこと	大化の改新・白村江の戦い・ 天智天皇がワンセット 壬申の乱・天武天皇がワンセット

① 土偶 ❷ 卑弥呼 ③ 埴輪 ❹ 聖徳太子〔厩戸皇子〕 ⑤ 十七条の憲法 ⑥ 大化の改新

❼ 白村江 ⑧ 租 ⑨ 調 ⑩ 防人 ⑪ 遣唐使 ⑫ 大宝律令

10 古代Ⅱ

僕，お金だーい好き！

下の各問いに答えよう。

① 日本最古の貨幣として考えられている資料1の貨幣は_____である。

② 日本で初めて本格的に流通したと考えられている資料2の貨幣は_____である。

❸ 仏教の力で国家を守るため，皇后（こうごう）とともに国ごとに国分寺（こくぶんじ）・国分尼寺（こくぶんにじ）を，都に東大寺を建て，東大寺に大仏をつくらせた天皇は ✽_____である。

　東大寺の正倉院（しょうそういん）に遺品（いひん）が納められている天皇は ✽_____である。

❹ 資料3の唐招提寺（とうしょうだいじ）を建てた僧は ✽_____である。

　日本に正しい仏教の教えを伝えるため，航海に5度失敗し，ついに盲目（もうもく）になりながらも唐からの来日を果たした僧は ✽_____である。

❺ 743年，新しく開墾（かいこん）した土地であれば，開墾した者に対して永久私有を認める法が制定された。この法を ✽_____という。

　✽_____が制定されて以降，有力な貴族や寺社は貧しい農民や付近の農民を使って土地を開墾し，私有地を広げた。

❻ 平安京に都を移した天皇は ✽_____である。

　坂上田村麻呂（さかのうえのたむらまろ）を征夷大将軍（せいいたいしょうぐん）に任命し，蝦夷（えみし）の平定を命じた天皇は ✽_____である。

⑦ 比叡山（ひえいざん）の延暦寺（えんりゃくじ）で天台宗を伝えた僧は_____である。

⑧ 高野山（こうやさん）の金剛峯寺（こんごうぶじ）で真言宗を伝えた僧は_____である。

❾ 娘を天皇のきさきとし，生まれた子どもを次の天皇に立て，自らは摂政や関白（かんぱく）となって実権をにぎることを摂関（せっかん）政治という。摂関政治の全盛期を息子とともに築いたのは ✽_____である。

　「この世をば　わが世とぞ思う　望月の　欠けたることも　無しと思えば」という和歌を詠（よ）んだ貴族は ✽_____である。

⑩ 浄土信仰（じょうどしんこう）がおこると，全国各地でさかんに阿弥陀堂（あみだ）が建てられるようになった。藤原頼通（ふじわらのよりみち）が京都の宇治（うじ）に建てた資料4の阿弥陀堂は_____である。

⑪ 白河上皇（しらかわじょうこう）が摂政や関白らの力を抑えて始めた政治を_____という。

資料1　　　資料2　　　　資料3　　　　　　　　資料4

日本最古の貨幣→富本銭
日本で初めて本格的に流通した貨幣→和同開珎

　現在の日本最古の貨幣は富本銭だが，その流通量には不確定な部分も多い。そのため，日本で初めて本格的に流通した貨幣は，和同開珎だと考えられている。

❸東大寺の正倉院に納められている代表的な宝物

| らくだの絵が描かれた琵琶 | 瑠璃色の杯 | 正倉院 |

❼❽天台宗・真言宗の覚え方

天才(最)と比べると延びる	天台宗／最澄／比叡山延暦寺
真空を作るには高いお金がかかる	真言宗／空海／高野山金剛峯寺

❾摂政と関白のちがい

摂政	天皇が幼いとき，または女性だったとき，天皇に代わって政治を行う
関白	天皇が成人した後，天皇を補佐する

重要 事項をできごとが起こった順に覚えよう！　―奈良・平安―

テーマ	できごと	ワンポイントアドバイス
都の移り変わり	平城京（７１０～７８４） ↓　└ 唐の都の長安にならう 長岡京（７８４～７９４） ↓　└ 桓武天皇 平安京（７９４～） 　└ 桓武天皇	平城京は奈良の都， 長岡京と平安京は京都の都
政治の主導権Ⅰ	藤原道長が摂政になる ↓ 藤原頼通 が摂政・関白になる ｝摂関政治の全盛期 ↓　└ 平等院鳳凰堂を建立 白河上皇が 院政 を始める 　　└ 摂関政治を抑えるため	摂関政治→院政の順

---

① 富本銭　② 和同開珎　❸ 聖武天皇　④ 鑑真　❺ 墾田永年私財法　⑥ 桓武天皇　⑦ 最澄

⑧ 空海　❾ 藤原道長　⑩ 平等院鳳凰堂　⑪ 院政

下の各問いに答えよう。

① 国風文化が発達すると，漢字を簡略化した文字がつくられた。人々の感情を豊かに書き表せるこの文字は_____である。

② ①の文字を使って，小説『源氏物語』をあらわした女性は_____である。

③ ①の文字を使って，随筆『枕草子』をあらわした女性は_____である。

❹ 平治の乱で源氏をやぶり，武士として初めて太政大臣となった人物は ✱_____である。

兵庫の港を整備し，宋と貿易を行ったのは ✱_____である。

厳島神社を厚く信仰し，巻物などを納めたのは ✱_____である。

❺ 奥州藤原氏が，現在の岩手県平泉に建てた阿弥陀堂は ✱_____である。

資料１は ✱_____の内部である。

⑥ １１８５年，源氏が平氏をほろぼした地は_____である。

❼ 平氏を倒し，鎌倉に幕府を開いたのは ✱_____である。

国ごとに守護，荘園や公領ごとに地頭を置いたのは ✱_____である。

１１９２年，朝廷から征夷大将軍に任命されたのは ✱_____である。

⑧ _____の地位は，北条氏が世襲し，源氏の将軍が３代で途絶えた後は，実質的な権力者として政治を動かした。

⑨ 守護と地頭のうち，御家人を統率したり，重罪を取りしまったりするなど，主に軍事や警察に関する役目をになったのは_____である。

⑩ 幕府が御家人の領地を保護したり，新しく領地を与えたりする御恩に対して，家来の御家人が将軍のために働くことを_____という。

⑪ １２２１年，後鳥羽上皇が鎌倉幕府を倒そうと挙兵したが敗れた戦いを_____という。

⑫ _____は，⑪の戦いの後，朝廷の監視をするため，幕府が京都に置いた役職である。

❸ １２３２年，北条泰時が武士の慣習をまとめて制定した法は ✱_____である。

長らく武家社会における基準となった，資料２の内容をふくむ法は ✱_____である。

資料１

資料２

・武士が２０年を超える間，実際にその土地を支配しているならば，その権利を認める。
・女性が養子をむかえることは，律令では許されないが，頼朝公の時代から現在まで，子のいない女性が土地を養子にゆずりわたすことは，武士の慣習として数え切れない。

①②③かな文字と文学作品

紫式部——『源氏物語』 光源氏の栄華と斜陽を描いた長編小説

清少納言——『枕草子』 清少納言が宮廷で見聞きしたようすを描いた随筆

紀貫之(きのつらゆき)——『古今和歌集(こきんわかしゅう)』 １１００首あまりの歌がおさめられた和歌集

④平氏と厳島神社

平氏は海路の安全を願い，厳島神社（広島県）を厚く信仰した。

⑩御恩と奉公

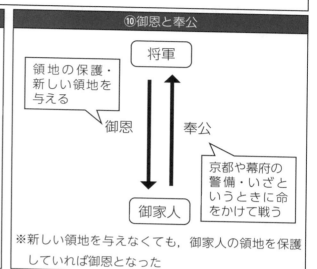

将軍

領地の保護・新しい領地を与える

御恩　奉公

京都や幕府の警備・いざというときに命をかけて戦う

御家人

※新しい領地を与えなくても，御家人の領地を保護していれば御恩となった

守護は警察，地頭は土地（荘園・公領）の管理

　守護も地頭も，どちらの役割も読んで字のごとくだ。守護は「国の守護者」，つまり軍事や警察の担当者だ。地頭は，「その土地の頭(かしら)（トップ）」，今のイメージで言うなら村長のような存在だから，荘園や公領といった限られた範囲の土地の管理者と結びつけられる。鎌倉時代は女性の地位が高く，地頭に任じられた女性もいたんだよ。

重要 事項をできごとが起こった順に覚えよう！ ―平安・鎌倉―

テーマ	できごと	ワンポイントアドバイス
政治の主導権Ⅱ	白河上皇が 院政 を始める ↓ └ 摂関政治を抑えるため 平氏 が栄華をほこる ↓ └ 平清盛が太政大臣となる 源氏 が平氏を壇ノ浦でほろぼす ↓ └ 源頼朝が征夷大将軍となる 執権の北条氏 が実権をにぎる 　　└ 特に北条泰時・北条時宗が重要	公家・貴族から武士の政治へ

① かな文字　② 紫(むらさき)式部　③ 清少納言(せいしょうなごん)　❹ 平清盛(きよもり)　❺ 中尊寺金色堂(ちゅうそんじこんじきどう)　⑥ 壇ノ浦(だんのうら)

❼ 源頼朝　⑧ 執権(しっけん)　⑨ 守護　⑩ 奉公　⑪ 承久(じょうきゅう)の乱　⑫ 六波羅探題(ろくはらたんだい)

❸ 御成敗式目(ごせいばいしきもく)〔貞永式目(じょうえい)〕

12 中世Ⅱ

権力者のことより，その時代に生きた人々
のようすをもっと知りたいって思うんだ。

下の各問いに答えよう。

① 資料１は，東大寺南大門に安置されている_____である。この像は，運慶らによって制作
された。

② 一心に「南無阿弥陀仏」と念仏を唱えることで，極楽浄土に生まれ変わることができると説いた浄土
宗の開祖は_____である。

③ モンゴル帝国の国号を中国風の「元」に改め，宋をほろぼし，高麗をしたがえて日本に服属を求めた
５代皇帝は_____である。

④ ③の皇帝による服属要求をはねのけて，２度にわたる元軍の襲来をしりぞけた鎌倉幕府８代執権は
_____である。

⑤ 元軍は，２度にわたり日本に襲来した。資料２は，１度目の襲来の文永の役における御家人の武功
を描いた『蒙古襲来絵詞』である。文永の役と，２度目の襲来の弘安の役を合わせて_____という。

⑥ 領地の分割相続や⑤の戦費のために御家人の生活は苦しくなった。1297年，幕府は苦しむ御家人
を救うために借金の帳消しを命じた。このとき幕府が出した法令は_____である。

❼ *_____は，有力な御家人である足利尊氏らの力を借りて，１３３３年に鎌倉幕府を
ほろぼした。

　鎌倉幕府を倒した後，公家中心の政治である建武の新政を行ったために，武士の反感を買った天皇
は *_____である。

　建武の新政に失敗した *_____は京都を追われ，奈良の吉野に逃れて南朝を開いた。

❽ １３９２年，北朝と南朝に分かれていた朝廷を統一した室町幕府３代将軍は *_____で
ある。

　１４０４年，明との交易に着目して，日明貿易を始めた人物は *_____である。

⑨ 倭寇と正式な貿易船を区別するために用いられた資料３の合い札を_____という。

資料１

資料２

資料３

鎌倉幕府がほろんだ理由

主に2つの理由がある。その2つに共通するのは，御家人の不満だ。1つ目は，「元寇の戦費が重い負担だったにもかかわらず，十分な恩賞を得られなかったから」。2つ目は，「領地の分割相続により生活が苦しくなったから」。鎌倉時代は，妻や子どもたち全員に領地を相続させていた。相続を重ねるごとに領地が狭くなり，生活が苦しくなっていったんだ。

②鎌倉時代の新仏教	
宗派	開祖
浄土宗	法然
浄土真宗	親鸞
時宗	一遍
日蓮宗（法華宗）	日蓮

※禅宗は，栄西（臨済宗）・道元（曹洞宗）がそれぞれ日本に伝えた

⑨勘合貿易（日明貿易）

勘合の一方を日本の正式な貿易船が持参し，明の持つもう一方と合致するかどうかで，正式な貿易船か海賊行為を行う倭寇かを区別した。

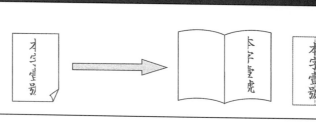

重要 事項をできごとが起こった順に覚えよう！ ―鎌倉・室町―

テーマ	できごと	ワンポイントアドバイス
鎌倉時代の動乱	承久の乱 が起こる ⬇ └ 後鳥羽上皇の挙兵 六波羅探題 が置かれる ⬇ └ 朝廷の監視・西国の武士の統制 御成敗式目（貞永式目）が制定される ⬇ └ 北条泰時 元寇（文永の役→弘安の役）が起こる ⬇ └ 北条時宗がしりぞける 永仁の徳政令 が出される 　　 └ 御家人の生活を救おうとしたが失敗	承久の乱・六波羅探題がワンセット 元寇・永仁の徳政令がワンセット
鎌倉→室町	後醍醐天皇が 建武の新政 を始める ⬇ └ 公家中心の政治 室町幕府 が成立する ⬇ └ 足利尊氏 足利義満が 南北朝を統一 する ⬇ └ 北朝は京都，南朝は奈良の吉野 勘合貿易 が始まる 　　 └ 倭寇の取りしまりが条件	建武の新政は，室町幕府が成立する直前のできごと

① 金剛力士像（こんごうりきし）　② 法然（ほうねん）　③ フビライ・ハン　④ 北条時宗　⑤ 元寇（げんこう）　⑥ （永仁の）徳政令（えいにん）（とくせいれい）

❼ 後醍醐天皇（ごだいご）　❽ 足利義満（よしみつ）　⑨ 勘合（かんごう）

13 中世Ⅲ

戦国時代って言っても，毎日毎日戦いに明け暮れてたわけじゃないんだからね！

下の各問いに答えよう。

❶ 15世紀前半に，尚氏が沖縄島を統一して建てた国は ✳＿＿＿＿＿＿＿＿＿＿である。

　江戸時代，薩摩藩を通して日本と貿易を行いながらも，中国の明や清に対しても朝貢貿易を行って

いた国は ✳＿＿＿＿＿＿＿＿＿＿である。

② 室町幕府3代将軍足利義満が建てた資料1の建物は＿＿＿＿＿＿＿と呼ばれる。

❸ 室町幕府8代将軍足利義政の跡継ぎをめぐって11年間続いた戦いは ✳＿＿＿＿＿＿＿＿＿＿である。

　1467年に始まった ✳＿＿＿＿＿＿＿＿＿以降，幕府の支配が及ぶ範囲はごく一部に限られ，各地

で戦国大名が領地をめぐって争う時代が続いた。

④ 8代将軍義政が建てた銀閣と同じ敷地にある，資料2の東求堂同仁斎に用いられている建築様

式は＿＿＿＿＿＿＿である。

⑤ 戦国時代に広まった，実力のある者が上の身分の者を打ち倒して実権をにぎる風潮を＿＿＿＿＿＿＿と

いう。

⑥ 資料3は，戦国大名の朝倉氏と武田氏が独自に定めた法である。領国内の支配をかためるため，戦

国大名が制定した資料3のような法を＿＿＿＿＿＿＿という。

❼ 1543年，種子島に漂着したポルトガル人が伝えた武器は ✳＿＿＿＿＿＿＿＿＿＿である。

　1575年，織田信長は長篠の戦いで，✳＿＿＿＿＿＿＿＿＿を有効に用いて武田の騎馬隊を破った。

⑧ 1549年，鹿児島に上陸し，日本にキリスト教を伝えた人物は，＿＿＿＿＿＿＿＿＿＿＿＿である。

⑨ 豊臣秀吉が行った，全国の土地のよしあしを調べ，予測される収穫量を算定して，その土地を耕作

する人を年貢負担者とした調査は＿＿＿＿＿＿＿＿＿＿である。

⑩ 豊臣秀吉が行った，一揆を防いで農民を農業に専念させるため，農民から刀などの武器を取り上げ

た政策は＿＿＿＿＿＿＿である。

資料1

資料2

資料3

・本拠である朝倉館のほか，国内に城をかまえてはならない。	『朝倉孝景条々』
・けんかをしたものは，いかなる理由によるものでも処罰する。	『甲州法度之次第』

足利義政は時代に翻弄された芸術家だった！

　8代将軍足利義政は，寺院の庭園に美を見出したり，後世に残る銀閣を建てたりするなど，文化人としての感覚が優れていた。しかしその一方で，政治への関心が薄く，早期に自分の弟に将軍職をゆずろうとしたことで，やがて生まれた実子との間に跡継ぎ争いが発生し，応仁の乱のきっかけをつくってしまう。守護大名の権力が強まるなか，将軍という地位にあったことは，彼にとって最大の幸運でありまた不幸であったのかもしれない。

⑨⑩豊臣秀吉の政策・目的・結果		
政策	目的	結果
太閤検地	土地に関する複雑な権利関係を否定するため	兵農分離が進む
刀狩	農民から武器を取り上げて農業に専念させるため	

重要 事項をできごとが起こった順に覚えよう！ ―室町・安土桃山―

テーマ	できごと	ワンポイントアドバイス
戦国時代へ	応仁の乱 が起こる ┗ 足利義政の跡継ぎ争い 戦国大名 が各地に現れる ┗ 下剋上の風潮が広まる 鉄砲 が伝わる ┗ 種子島に上陸したポルトガル人が伝える キリスト教 が伝わる ┗ 鹿児島に上陸したザビエルが伝える	鉄砲→キリスト教の順
天下人に至る道	桶狭間の戦い（織田信長ｖｓ今川義元）が起こる ┗ 織田信長が一躍有名に 長篠の戦い（織田・徳川連合軍ｖｓ武田勝頼）が起こる ┗ 織田・徳川は鉄砲を有効に用いる 本能寺の変（明智光秀ｖｓ織田信長）が起こる ┗ 明智光秀の三日天下 豊臣秀吉 が天下統一を果たす ┗ 朝廷から関白に任じられる 朝鮮出兵（豊臣秀吉）が行われる ┗ 2度にわたり出兵したものの失敗 関ヶ原の戦い（徳川家康ｖｓ石田三成）が起こる ┗ 徳川家康の支配が盤石に ※かっこ内は，左が勝者，右が敗者を示す （朝鮮出兵を除く）	長篠の戦いと 関ヶ原の戦いをおさえる

❶ 琉球王国（りゅうきゅう）　② 金閣　❸ 応仁の乱　④ 書院造（しょいんづくり）　⑤ 下剋上（げこくじょう）　⑥ 分国法　❼ 鉄砲（てっぽう）

⑧ フランシスコ・ザビエル　⑨ 太閤検地（たいこうけんち）　⑩ 刀狩（かたながり）

つい数十年前まで，江戸時代生まれの人がいたんだって。なんだかすごいよね。

下の各問いに答えよう。

① ＿＿＿＿＿＿は，徳川家康を中心とする東軍と，石田三成を中心とする西軍が争った天下分け目の合戦である。

② ①の戦い前後から徳川氏に従うようになった大名を＿＿＿＿＿＿という。

③ １６１５年，幕府が大名を統率するために定めた資料１は＿＿＿＿＿＿である。

❹ １６３５年，３代将軍徳川家光が，将軍と大名の主従関係を確認するために③の法令に加えた制度は ✴＿＿＿＿＿＿である。

　資料２は，大名行列が ✴＿＿＿＿＿＿のため，江戸に向かうようすである。この制度で，大名は江戸と領地を１年おきに往復し，妻や子どもを江戸の屋敷に住まわせることを義務づけられていた。

⑤ １６３７年，キリスト教徒への弾圧や重い年貢の負担に耐えかねた領民らが，天草四郎を中心として起こした一揆を＿＿＿＿＿＿という。

⑥ キリスト教徒を見つけるために用いられた資料３は＿＿＿＿＿である。

⑦ 資料４は，オランダと貿易を行うために長崎につくられた＿＿＿＿＿である。

⑧ 将軍の代替わりごとに，朝鮮から日本に送られた使節は＿＿＿＿＿＿である。

⑨ 「天下の台所」と呼ばれた＿＿＿＿＿は，全国の商業の中心地で，諸藩の蔵屋敷が集まった。

⑩ 極端な動物愛護令である生類憐みの令を出した５代将軍は＿＿＿＿＿＿である。

⑪ 京都などを中心とする上方でさかえた町人文化は＿＿＿＿＿＿である。

⑫ ⑪の文化の頃，人形浄瑠璃の脚本を書き，人気を博した脚本家は＿＿＿＿＿＿＿である。

⑬ ⑪の文化の頃，『おくの細道』をあらわした俳人は＿＿＿＿＿＿である。

資料１

ー　城は，修理する場合であっても，必ず幕府に報告せよ。まして，新しい城をつくることはかたく禁止する。 ー　幕府の許可なしに，かってに婚姻を結んではならない。

資料２

資料３

資料４

②大名の区別		
大名	内容	特色
親藩 （しんぱん）	徳川氏の一族	江戸幕府の要職につく
譜代大名 （ふだい）	古くから徳川氏に従っていた大名	
外様大名 （とざま）	関ヶ原の戦い前後から徳川氏に従った大名	江戸から遠い地域に配置

⑦江戸時代の４つの窓口	
窓口	相手国・地域
長崎	オランダ（出島），中国（唐人屋敷）
松前	蝦夷地（アイヌの人々）
薩摩	琉球王国
対馬	朝鮮

 江戸時代の文化史 ―元禄文化は，次の３人をまず覚える

近松門左衛門（人形浄瑠璃）・松尾芭蕉（俳諧）・菱川師宣（浮世絵）。まず，この３人を覚えてから，あとの人たちに目を向けよう。

重要 事項をできごとが起こった順に覚えよう！ ―江戸―

テーマ	できごと	ワンポイントアドバイス
鎖国体制	イギリス が自主的に日本を去る ↓ └ **日本での貿易が不振** スペイン船 の来航を禁止する ↓ └ **貿易額が少なく影響が少ない** 日本人 の海外渡航と帰国を禁止する ↓ └ **東南アジアの日本町は衰退** 島原・天草一揆 が起こる ↓ └ **天草四郎を中心とする** ポルトガル船 の来航を禁止する ↓ └ **この後，オランダが貿易を一手にになう** オランダ の商館を出島に移す └ **オランダ風説書の提出**	島原・天草一揆が発生した後に，鎖国体制が完成する

- ① 関ヶ原の戦い
- ② 外様大名
- ③ 武家諸法度（ぶけしょはっと）
- ❹ 参勤交代
- ⑤ 島原・天草一揆（しまばらあまくさいっき）
- ⑥ 踏絵（ふみえ）
- ⑦ 出島
- ⑧ 朝鮮通信使
- ⑨ 大阪
- ⑩ 徳川綱吉（つなよし）
- ⑪ 元禄文化（げんろく）
- ⑫ 近松門左衛門（ちかまつもんざえもん）
- ⑬ 松尾芭蕉（まつおばしょう）

下の各問いに答えよう。

❶ 江戸幕府8代将軍徳川吉宗が行った政治改革は ＊＿＿＿＿＿＿＿＿である。

庶民の意見を取り入れる目安箱の設置，裁判の基準となる公事方御定書の制定，参勤交代をゆるめる代わりに，石高に応じた米を差し出させる上米の制や新田開発の奨励は，＊＿＿＿＿＿＿＿で実施された。

❷ 株仲間を奨励し，蝦夷地の調査や印旛沼の干拓を進めた老中は ＊＿＿＿＿＿＿である。

経済重視の政策を行ったことでわいろが横行して政治が乱れ，そこに天明のききんが発生したことの責任を問われて老中をやめさせられた人物は ＊＿＿＿＿＿＿である。

❸ 老中松平定信が行った政治改革は ＊＿＿＿＿＿＿＿＿である。

出稼ぎに江戸に出ていた農民を故郷に帰したり，各地に蔵を設けさせたりするほか，江戸の湯島に昌平坂学問所をつくって朱子学を学ばせた一連の政治改革は，＊＿＿＿＿＿＿＿で実施された。

④ 杉田玄白らがオランダ語で書かれた医学書を翻訳して出版した本は＿＿＿＿＿＿＿＿である。

⑤ 全国を歩いて回り，測量術を用いて正確な日本地図を作成したのは＿＿＿＿＿＿＿＿である。

❻ 老中水野忠邦が行った政治改革は ＊＿＿＿＿＿＿＿＿である。

株仲間の解散を命じたり，幕府批判を禁じたりするほか，江戸や大阪の一部を幕府の直轄地にしようとして大名らの反発を受けた一連の政治改革は，＊＿＿＿＿＿＿＿で実施された。

⑦ 江戸の後期にさかえた，江戸の庶民をにない手とする文化は＿＿＿＿＿＿＿＿である。

⑧ ⑦の文化で，資料1の『富嶽三十六景』を描いた人物は＿＿＿＿＿＿＿＿である。

⑨ ⑦の文化で，資料2の『東海道五十三次』を描いた人物は＿＿＿＿＿＿＿＿である。

⑩ 1825年に制定された＿＿＿＿＿＿＿＿は，理由にかかわらず，外国船への砲撃を命じた法令である。

⑪ 1837年，ききんに苦しむ人々に対する奉行所の対応を批判し，彼らを救うために挙兵して乱を起こした人物は，＿＿＿＿＿＿＿＿である。

資料1

資料2

❷❸❻改革や政治が失敗した理由	
改革・政治名	失敗した理由
田沼意次の政治	わいろ政治の横行／天明のききんの発生
寛政の改革	改革内容の厳格さ／商品経済の進展に逆行
天保の改革	改革内容の厳格さ／江戸・大阪の一部を幕府の直轄地にしようとしたこと

 江戸時代の文化史　─化政文化は，次の２人を覚えておけばＯＫ

　化政文化に関連する人として，『富嶽三十六景』の葛飾北斎（かつしかほくさい）と『東海道五十三次』の歌川広重（うたがわひろしげ）（安藤広重）を覚えよう。ところで，教科書に載っている，文化史に関連する人名とその業績をすべて覚えようとしている人はいないだろうか？　元禄文化にも共通して言えることだけど，教科書に載っている人物のうち，公立高校の入試によく出るのは，そのうちの半分くらいだ。もちろん，全員を覚えることは決して無駄なことじゃない。でも，重要な人だけを効率よく覚えていくこともまた同じくらい大切だよ。

重要 事項をできごとが起こった順に覚えよう！　─江戸─

テーマ	できごと	ワンポイントアドバイス
江戸時代の政治	徳川吉宗が 享保の改革 を始める ↓ └ 目安箱の設置／公事方御定書／ 　一定の米を差し出させる上米の制 田沼意次 の政治 ↓ └ 株仲間結成の奨励／わいろ政治の横行 松平定信が 寛政の改革 を始める └ 昌平坂学問所をつくる／農民を故郷 に帰す／各地に蔵を設けて米を たくわえさせる 水野忠邦が 天保の改革 を始める └ 株仲間の解散／農民を故郷に帰す／ 江戸や大阪の一部を直轄地にしよう とする	田沼→松平の順 ※ ＜白河の　清きに魚の　住みかねて　もとの濁りの　田沼恋しき＞は，松平定信の寛政の改革を嫌い，田沼意次の政治を懐かしんだ歌
アヘン戦争の影響	異国船打払令 が出される ↓ └ 問答無用に外国の船を追い払う アヘン戦争 が起こる ↓ └ イギリスと清の戦い 天保の 薪水給与令 が出される └ 食料や燃料を与えて外国の船を追い返す	日本の外国に対する態度の変化

❶ 享保の改革（きょうほう）　❷ 田沼意次（たぬまおきつぐ）　❸ 寛政の改革（かんせい）　④ 解体新書（かいたいしんしょ）　⑤ 伊能忠敬（いのうただたか）　❻ 天保の改革（てんぽう）

⑦ 化政文化（かせい）　⑧ 葛飾北斎（かつしかほくさい）　⑨ 歌川広重〔安藤広重〕（うたがわひろしげ）　⑩ 異国船打払令（いこくせんうちはらいれい）　⑪ 大塩平八郎（おおしおへいはちろう）

西暦多すぎてうっとうしいわ！

下の各問いに答えよう。

❶ 1789年，フランス革命のさ中に発表された宣言は ✱＿＿＿＿＿＿＿である。

資料1は，1776年にアメリカで発表された独立宣言の影響を受けた ✱＿＿＿＿＿＿＿である。

② 技術革新を受けてイギリスで始まった，工場での大量生産を可能にした変化を＿＿＿＿＿＿という。

❸ 1854年，幕府とペリーの間で結ばれた条約は ✱＿＿＿＿＿＿＿である。

下田・函館の2港を食料や燃料の供給のために開港した条約は ✱＿＿＿＿＿＿＿である。

❹ 1858年，幕府とアメリカの間で結ばれ，通商のために神奈川(横浜)・兵庫(神戸)・函館・長崎・新潟の5港を開港した条約は ✱＿＿＿＿＿＿＿である。

✱＿＿＿＿＿＿＿は，アメリカに領事裁判権（治外法権）を認め，日本に関税自主権がないといった不平等な内容をふくむ条約である。

⑤ 1860年，幕府に反対する人々を処罰したこと(1858年安政の大獄)で武士らの反感を買い，桜田門外で暗殺された大老は＿＿＿＿＿＿である。

⑥ 1867年，江戸幕府15代将軍徳川慶喜が政権を朝廷に返したことを＿＿＿＿＿＿という。

⑦ 1869年，新政府が大名に土地や人民を天皇へ返させたことを＿＿＿＿＿＿という。

⑧ 1871年，新政府が藩を廃止して府・県を置いたことを＿＿＿＿＿＿という。

⑨ 1872年，小学校から大学までの学校制度を定め，6歳以上の男女すべてに小学校で教育を受けさせることを義務づけた制度は＿＿＿＿＿＿である。

⑩ 1873年，原則として満20歳以上の男子に兵役を義務づけた法令は＿＿＿＿＿＿である。

⑪ 1873年，年貢に代わり現金で税を納めさせた明治政府の政策は ✱＿＿＿＿＿＿＿である。

土地の所有者に税の負担義務を負わせて資料2の地券を交付し，課税の対象を収穫高から地価に変更した政策は ✱＿＿＿＿＿＿＿である。

⑫ 経済を発展させて国力を充実させ，軍事力の拡大をはかる政府の政策を＿＿＿＿＿＿という。

⑬ 欧米の文化や近代的な生活様式を積極的に取り入れる風潮を＿＿＿＿＿＿という。

資料1

| 第1条　人は生まれながらに，自由で平等な権利を持っている。 |
| 第3条　すべて主権は，もともと国民の中にある。 |

資料2

❸❹それぞれの条約で開いた港
日米和親条約──食料などの補給港としての役割 函館（北海道）／下田（静岡県） 　　　　　　　　　下田港は１８５９年に閉港
日米修好通商条約──貿易港としての役割 神奈川（横浜）／兵庫（神戸）／函館／長崎／新潟 　　　「よ／こ／は／な／に」と覚えよう

近代革命＝民衆の不満の爆発

　近代革命（清教徒革命・名誉革命・フランス革命など）は，要は，「国王が勝手にオレらのことを決めるとかふざけんな。オレらの意見も聞けよ！」という民衆の怒りの声だ。

重要 事項をできごとが起こった順に覚えよう！　―江戸・明治―

テーマ	できごと	ワンポイントアドバイス
幕末の動乱	日米和親条約 が結ばれる ⬇　└ 開国のきっかけ／２港を開く 日米修好通商条約 が結ばれる ⬇　└ 不平等な内容をふくむ条約／５港を開く 安政の大獄 が起こる ⬇　└ 幕府に批判的な人々を処罰 桜田門外の変 が起きる ⬇　└ 井伊直弼の暗殺 大政奉還 が行われる 　　└ この後，王政復古の大号令	開国→貿易→政治弾圧→暗殺 →政権交代
明治政府の改革	版籍奉還 が行われる ⬇　└ 土地と人民が天皇のものに 廃藩置県 が行われる ⬇　└ 元大名の権限がはく奪される 学制 が施行される ⬇　└ ２０世紀初頭に就学率９７％ 徴兵令 が施行される ⬇　└ 抜け道が多く，後に免除規定が廃止に 地租改正 が実施される 　　└ 地価の３％→2.5％	大事なのは，版籍奉還と廃藩置県の前後関係

❶　人権宣言（せんげん）　②　産業革命　❸　日米和親条約　❹　日米修好通商条約　⑤　井伊直弼（いい なおすけ）

⑥　大政奉還（たいせいほうかん）　⑦　版籍奉還（はんせきほうかん）　⑧　廃藩置県（はいはん ち けん）　⑨　学制　⑩　徴兵令（ちょうへいれい）　⑪　地租改正（ち そ かいせい）

⑫　富国強兵（ふこく）　⑬　文明開化（ぶんめいかいか）

資料を使った問題が恋しいって みんなの声が聞こえてくるようだ。

下の各問いに答えよう。

① 殖産興業を進めるため，政府が群馬県につくった官営模範工場は＿＿＿＿＿＿＿＿である。

❷ 1885年，内閣制度を創設し，初代内閣総理大臣となった人物は ✳＿＿＿＿＿＿である。

1881年，自由民権運動の高まりを受け，政府は10年後に国会を開くことを約束した。その後，

✳＿＿＿＿＿＿はヨーロッパに留学し，君主権の強いドイツ（プロイセン）の憲法を学び，帰国後は

自らが中心となって憲法の草案を作成した。

❸ 民撰議院設立建白書を提出して国会の早期開設を求め，自由民権運動の中心となって活動した人物

は ✳＿＿＿＿＿＿である。

国会開設が約束された後，自由党を結成した人物は ✳＿＿＿＿＿＿である。

❹ 1889年2月11日，天皇が国民に与えるという形で ✳＿＿＿＿＿＿＿が発布された。

✳＿＿＿＿＿＿＿では，天皇は国の元首であり，帝国議会の召集や軍隊の指揮権などを

持つものとされた。また，国民は臣民とされ，法律の範囲内で権利が認められた。

⑤ 第一回衆議院議員選挙の有権者の資格は，満 ＿＿＿＿ 歳以上で，直接国税を ＿＿＿＿ 円以上納める

男子に限られていたため，その割合は総人口の1.1％ほどに過ぎなかった。

⑥ 1894年，朝鮮半島で東学を信仰する農民らが中心となって反乱を起こした事件をきっかけに，

日本と中国の間で始まった戦争を＿＿＿＿＿＿という。

⑦ ⑥の戦争の講和条約は＿＿＿＿＿＿である。

⑧ ⑦の条約で日本が得た遼東半島は，ロシア，ドイツ，フランスが行った＿＿＿＿＿＿により，

中国に返還させられた。

⑨ ⑦の条約で得た賠償金をもとに福岡県につくられた官営の工場は＿＿＿＿＿＿である。

❿ 満州を勢力下に置こうとするロシアの南下政策に対抗するため，1902年，日本がイギリスと結

んだ同盟は ✳＿＿＿＿＿＿である。

日本が第一次世界大戦に参戦する口実となった同盟は，✳＿＿＿＿＿＿である。

⑪ 満州に軍を留めるロシアと日本の間で起こった戦争は，＿＿＿＿＿＿である。

⑫ ⑪の戦争の講和条約は＿＿＿＿＿＿である。

⑬ ⑪の戦争で多くの戦死者を出したにもかかわらず，⑫の条約では⑦の条約で取れた賠償金が取れな

かったため，増税に耐えてきた民衆の不満が爆発し，東京で＿＿＿＿＿＿事件が起きた。

⑭ ⑪の戦争に反対し，「君死にたまふことなかれ」で始まる詩を発表した歌人は＿＿＿＿＿＿である。

下関条約で覚えるべきことは２つと１つ
ポーツマス条約で覚えるべきことは１つ

　下関条約で大切なのは「賠償金を得られたこと」と「遼東半島を得たこと」の２つ。遼東半島は，「三国干渉で中国に返還した」ので，これも重要だ。これに対し，ポーツマス条約の内容について覚えることは，「賠償金を得られなかった」ことだけで十分だ。

⑧三国干渉	
ロシア・ドイツ・フランス ロシアが中心となって行われたことから，日本国民の間ではロシアに対する感情が悪化した。 ★イギリスは三国干渉に加わっていない （１）すでにアヘン戦争で香港を得ていたから （２）遼東半島進出を狙う意味が薄かったから （３）ロシアの南下政策を警戒していたから などが理由として挙げられる。	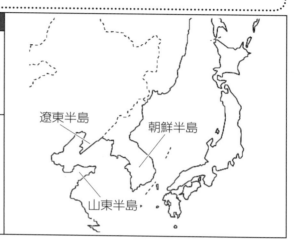

重要 事項をできごとが起こった順に覚えよう！　―明治―

テーマ	できごと	ワンポイントアドバイス
立憲国家 への道	民撰議院設立建白書 が提出される ⬇　└ 板垣退助による 国会の開設 が約束される ⬇　└ 自由民権運動にうながされる形 内閣制度 が創設される ⬇　└ 伊藤博文が初代内閣総理大臣に 大日本帝国憲法 が発布される ⬇　└ 天皇が国の元首 第一回帝国議会 が召集される 　　└ 貴族院と衆議院	「内閣制度」と「帝国議会」のうち，どちらが先にできているかな
明治時代の 戦争	日清戦争 が起こる ⬇　└ 下関条約／賠償金あり／遼東半島の獲得 三国干渉 が起こる ⬇　└ ロシアが中心／遼東半島の返還 日露戦争 が起こる 　　└ ポーツマス条約／賠償金なし	三国干渉は，日露戦争が起こった原因の一つ

① 富岡製糸場　② 伊藤博文　③ 板垣退助　④ 大日本帝国憲法　⑤ ２５(歳)，１５(円)

⑥ 日清戦争　⑦ 下関条約　⑧ 三国干渉　⑨ 八幡製鉄所　⑩ 日英同盟　⑪ 日露戦争

⑫ ポーツマス条約　⑬ 日比谷焼き打ち　⑭ 与謝野晶子

唯一の資料が
文字資料ってひどくない？

下の各問いに答えよう。

① オーストリアの皇太子夫妻が暗殺されたことで始まった戦争は＿＿＿＿＿＿＿＿＿＿である。

② パリで調印式が行われた，①の戦争の講和条約は＿＿＿＿＿＿＿＿＿＿である。

❸ アメリカのウィルソン大統領の発案により，世界平和と国際協調を目指して本部がスイスのジュネーブにおかれた国際機関は，✻＿＿＿＿＿＿である。この組織で，日本は常任理事国となった。

　１９３３年，満州国が承認されなかったことを受けて，日本は ✻＿＿＿＿＿＿の脱退を通告した。

❹ ①の戦争中の１９１５年，ヨーロッパの関心がアジアからそれたのを機に，日本が満州での権益の拡大をもくろんで中国に出した要求は ✻＿＿＿＿＿＿である。

　資料の内容をふくむ ✻＿＿＿＿＿＿を出された中国は，一部をのぞき，その大部分を強引に認めさせられた。

⑤ １９１８年，シベリア出兵を見こした商人らが米を買い占めたことで，全国で米の価格が上昇し，米の安売りを求める＿＿＿＿＿＿が富山県から始まった。

⑥ 青鞜社を結成して女性の権利拡大を求めた活動家は＿＿＿＿＿＿である。

❼ １９２５年，満２５歳以上の男子に選挙権を与えることを定めた ✻＿＿＿＿＿＿が成立した。

　社会主義を取りしまるために制定された治安維持法は，✻＿＿＿＿＿＿と同時に制定された。

⑧ １９２９年，アメリカのニューヨークの株式市場で株価が暴落したことから始まった，世界的な不況を＿＿＿＿＿＿という。

⑨ ⑧を受けて，イギリスやフランスは植民地との貿易を密にし，それ以外の国の製品に高い税をかけてしめ出す＿＿＿＿＿＿を行った。

⑩ ⑧を受けて，アメリカはルーズベルト大統領のもと，公共事業を活発にしたり，農業の生産量を調整したりする＿＿＿＿＿＿政策を実施した。

⑪ １９３１年，関東軍は，南満州鉄道の線路の爆破を中国軍のしわざに見せかけて軍事行動を開始した。この一連の軍事行動を＿＿＿＿＿＿という。

⑫ １９３２年，満州国の承認に反対する態度をとり，議会政治を守ろうとした犬養毅首相が海軍の青年将校らに暗殺される＿＿＿＿＿＿が起きた。

⑬ １９３６年，軍事政権の樹立を目標とする陸軍の青年将校らが首相官邸や警視庁を襲撃し，国会議事堂周辺を占拠する＿＿＿＿＿＿が起きた。

資料

― 中国政府は，ドイツが山東省に持っているいっさいの利権を日本にゆずる。
― 日本の旅順・大連の租借の期限，南満州鉄道の利権の期限を９９か年延長する。

自由民権運動と大正デモクラシーのちがい

　自由民権運動とは，憲法の制定や議会の開設を求める運動のこと。これに対し，大正デモクラシーとは，政党政治が発展した大正時代に，民主主義（＝デモクラシー）を求めるようになった風潮のこと。まぎらわしいので，そのちがいは正確におさえよう。

❼有権者の要件				
法公布年	1889	1925	1945	2015
年齢・性別	満25歳以上の男子	満25歳以上の男子	満20歳以上の男女	満18歳以上の男女
直接国税	15円以上	制限なし	制限なし	制限なし

重要　事項をできごとが起こった順に覚えよう！　―大正・昭和―

テーマ	できごと	ワンポイントアドバイス
第一次世界大戦	第一次世界大戦 が始まる ┗ 講和条約はベルサイユ条約 ↓ 日本が中国に 二十一か条の要求 を出す ┗ 五・四運動が起こるきっかけ ↓ 国際連盟 がつくられる ┗ 日本が常任理事国	国際連盟の設立は，第一次世界大戦の反省から
第二次世界大戦に至るまで	米騒動 が起こる ┗ シベリア出兵を見こした商人の米の買い占め ↓ 普通選挙法 が制定される ┗ 治安維持法が同時に制定 ↓ 世界恐慌 が起こる ┗ アメリカから世界に広がる ↓ 満州事変 が始まる ┗ 南満州鉄道の線路の爆破がきっかけ ↓ 満州国を建国する ┗ これが原因で国際連盟を脱退 ↓ 五・一五事件 が起こる ┗ 海軍将校による犬養毅首相の暗殺 ↓ 二・二六事件 が起こる ┗ 陸軍将校によるクーデター	満州事変から二・二六事件までが一つのグループ

① 第一次世界大戦　② ベルサイユ条約　❸ 国際連盟　❹ 二十一か条の要求　⑤ 米騒動（こめそうどう）

⑥ 平塚らいてう（ひらつか）〔市川房枝〕　❼ 普通選挙法　⑧ 世界恐慌（きょうこう）　⑨ ブロック経済

⑩ ニューディール　⑪ 満州事変　⑫ 五・一五事件　⑬ 二・二六事件

下の各問いに答えよう。

① 1937年，盧溝橋事件をきっかけに始まった，日本と中国の全面戦争を＿＿＿＿＿＿＿という。

❷ 1939年，ドイツのポーランド侵攻から始まった戦争は ✳＿＿＿＿＿＿＿＿である。

　日本，ドイツ，イタリアを中心とする枢軸国とアメリカ，イギリス，ソ連を中心とする連合国の間で続いた戦争は ✳＿＿＿＿＿＿＿＿である。

③ 1941年，日本軍のイギリス領のマレー半島上陸とハワイの真珠湾攻撃から＿＿＿＿＿＿＿が始まった。

④ 1945年8月15日，＿＿＿＿＿＿＿を受け入れて降伏することが玉音放送で発表された。

⑤ マッカーサーを最高司令官として日本の占領政策を進めた連合国軍最高司令官総司令部は，アルファベット3字で＿＿＿＿＿と呼ばれる。

❻ ⑤が草案を作成し，日本政府が修正して1946年11月3日に公布，1947年5月3日に施行された法は ✳＿＿＿＿＿＿である。

　国民主権，平和主義，基本的人権の尊重の3つを基本原理とする法は ✳＿＿＿＿＿＿である。

⑦ ⑤の占領政策の一環として行われた，地主の土地を政府が買い上げ，小作人に安く売りわたして自作農を増やそうとした政策は＿＿＿＿＿＿＿である。

⑧ 大戦を防ぐことを目的とする，アメリカのニューヨークに本部をおく国際的組織は＿＿＿＿＿＿＿である。

⑨ アメリカを中心とする資本主義国と，ソ連を中心とする社会主義国の間で起こった，戦火をまじえない対立を＿＿＿＿＿＿＿という。

❿ アメリカが韓国を，中国が北朝鮮を支援して1950年に始まった戦争は ✳＿＿＿＿＿＿＿である。

　日本がアメリカから大量の軍需物資の発注を受けたことで，急速に復興を果たし，高度経済成長のきっかけとなった戦争は ✳＿＿＿＿＿＿＿である。

⑪ 1951年，アメリカをはじめとする資本主義国48か国との間で結ばれ，日本が独立を回復した条約は＿＿＿＿＿＿＿＿＿である。

⓬ ⑪の条約と同時に結ばれ，日本に米軍の駐留を認めた条約は ✳＿＿＿＿＿＿＿＿である。

　1960年，✳＿＿＿＿＿＿＿の改正をめぐって日本国内で激しい反対運動が起こった。

⓭ 1956年，日本はソ連と ✳＿＿＿＿＿＿＿で国交を回復した。

　日本が⑧に加盟ができたのは ✳＿＿＿＿＿＿＿の調印により，⑧への加盟にソ連の反対がなくなったからである。

⑭ 1972年，日本は中国と＿＿＿＿＿＿＿で国交を正常化した。

朝鮮戦争は現在も続いている？

　北朝鮮が韓国に侵攻することで始まった朝鮮戦争は，１９５３年にいったん休戦した。それからずっとこの休戦状態が続いていて，いまだ正式な終戦の合意に至っていないんだ。朝鮮半島の分裂状態は，太平洋戦争終結後の１９４８年からずっと続いている。日本は，韓国と１９６５年に日韓基本条約を結んで国交を回復したが，北朝鮮を正式な国として認めていないままだ。

重要 事項をできごとが起こった順に覚えよう！　—昭和—

テーマ	できごと	ワンポイントアドバイス
第二次世界大戦	日中戦争 が始まる ↓　└ 盧溝橋事件から 第二次世界大戦 が始まる ↓　└ ドイツのポーランド侵攻から 太平洋戦争 が始まる ↓　└ イギリス領のマレー半島上陸・真珠湾攻撃から ミッドウェー海戦 で日本軍が敗れる 　　└ これ以後，日本の不利が決定的になる	日中戦争は太平洋戦争より前に始まっていた
１９４５年	最も大規模な 東京大空襲 が起こる ↓　　　└ 子どもたちは学童疎開 沖縄 にアメリカ軍が上陸する（沖縄戦） ↓ └ 3月／日本復帰は１９７２年 広島 に原爆が落とされる ↓ └ 8月6日／原爆ドーム 長崎 に原爆が落とされる ↓ └ 8月9日 ポツダム宣言 を受諾する 　　└ 8月15日に玉音放送	広島→6日，長崎→9日
戦後の日本	サンフランシスコ平和条約 が結ばれる ↓　└ 同時に日米安全保障条約 日ソ共同宣言 に調印する ↓　└ この宣言の後，国際連合に加盟 日韓基本条約 を結ぶ ↓　└ 韓国と国交を正常化 日中共同声明 に調印する 　　└ この声明の後，日中平和友好条約	ソ連→韓国→中国　の順

① 日中戦争　❷ 第二次世界大戦　③ 太平洋戦争　④ ポツダム宣言　⑤ GHQ

❻ 日本国憲法　⑦ 農地改革　⑧ 国際連合　⑨ 冷戦〔冷たい戦争〕　❿ 朝鮮戦争

⑪ サンフランシスコ平和条約　❷ 日米安全保障条約　❸ 日ソ共同宣言　⑭ 日中共同声明

下の各問いに答えよう。

① 世界で初めて社会権（生存権）を保障した憲法は，ドイツの＿＿＿＿＿＿＿＿＿である。

❷ 日本国憲法の第９条は ✱＿＿＿＿＿＿＿について規定している。

日本国憲法の３つの基本原理は，国民主権，基本的人権の尊重，✱＿＿＿＿＿＿＿である。

③ 日本の核兵器に対する「持たず，つくらず，持ちこませず」の方針を＿＿＿＿＿＿＿という。

④ 職場での女性差別をなくすことを目的として，＿＿＿＿＿＿＿＿＿＿＿が制定された。

⑤ 男女が互いに人権を尊重しつつ責任も分かちあい，個性と能力を発揮することができる社会を目指

して，１９９９年に＿＿＿＿＿＿＿＿＿＿が制定された。

⑥ アイヌ文化を振興し，アイヌの伝統を尊重することを求めた法律は＿＿＿＿＿＿＿＿である。

❼ すべての人が等しく扱われる権利は ✱＿＿＿＿＿＿権である。

資料１の空らんに入る言葉は ✱＿＿＿＿＿＿である。

❽ 自分の思想，考え，信仰などが国家によって侵害されない権利は ✱＿＿＿＿＿＿の自由である。

日本国憲法が定める自由権のうち，「思想・良心の自由」，「信教の自由」，「集会・結社・表現の自由」，

「学問の自由」をまとめて ✱＿＿＿＿＿＿の自由という。

❾ 正当な理由がないのに捕まったり，拘束されたり，罰を受けたりしない権利は ✱＿＿＿＿＿＿

の自由である。

日本国憲法が定める自由権のうち，「奴隷的拘束および苦役からの自由」，「法定手続きの保障」など

をまとめて ✱＿＿＿＿＿＿の自由という。

❿ 国民一人ひとりが個人の生き方を自由に決定するために不可欠な，財産の保障を中心とした権利は

✱＿＿＿＿＿＿の自由である。

日本国憲法が定める自由権のうち，「居住・移転・職業選択の自由」「財産権の保障」をまとめて

✱＿＿＿＿＿＿の自由という。

⓫ 一人ひとりの利益ではなく，社会全体の人々の利益のことを ✱＿＿＿＿＿＿という。

資料２の空らんに入る，基本的人権の限界を示す言葉は ✱＿＿＿＿＿＿である。

資料１

憲法第１４条	すべて国民は，法の下に ⬚⬚⬚⬚ であって，人種，信条，性別，社会的身分又は門地により，政治的，経済的又は社会的関係において，差別されない。

資料２

憲法第１３条	…略… 生命，自由及び幸福追求に対する国民の権利については，⬚⬚⬚⬚ に反しない限り，立法その他の国政の上で，最大の尊重を必要とする。

④⑤⑥平等にかかわる法律		
法律名	制定年	主な内容
男女雇用機会均等法	1985年	募集・採用・昇進時に男女で差異を設けてはならない
男女共同参画社会基本法	1999年	男女がともに責任ある社会をつくり上げていくべきである
アイヌ文化振興法	1997年	アイヌの人々の伝統文化を尊重し，広めていく

経済活動の自由は精神の自由に比べて制限されやすい

　僕たちには好きな職業につく自由が認められている。けれど，医師になるには免許が必要だ。無免許医師が医療行為を行うことの危険性から，「公共の福祉」のため，職業選択の自由（経済活動の自由の一つ）には一定の制限がかけられているんだ。

　一方で，僕たちは「医師になりたい」と考える自由を持っている。また，「医師になるのに免許が必要なんておかしい」と意見を言う自由も持っている。そういった自由（＝精神の自由）が制限されたら，言いたいことも言えないのが当たり前の世界になってしまうからだ。

重要 単語をキーワードといっしょに覚えよう！　—基本的人権Ⅰ—

テーマ	単語	キーワード	ワンポイントアドバイス
平等権	平等権	「法の下の平等」 「両性の本質的平等」	「両性」は男性と女性
自由権	精神（活動）の自由	「思想」「表現」	思ったり考えたりすることは自由
	（生命・）身体の自由	「正当な理由なく」 「法定手続きの保障」	警察に理由もなく自分の身がらを拘束されたくないよね？
	経済活動の自由	「財産の保障」	自分のものは自分のもの 他人のものは他人のもの
公共の福祉	公共の福祉	「社会全体の利益」 「基本的人権の限界」	個人の利益より社会全体の利益を優先させる場合のきまり文句

① ワイマール憲法　❷ 平和主義　③ 非核三原則（ひかく）　④ 男女雇用機会均等法（だんじょこようきかいきんとうほう）

⑤ 男女共同参画社会基本法　⑥ アイヌ文化振興法　❼ 平等　❽ 精神（活動）　❾ （生命・）身体

❿ 経済活動　⓫ 公共の福祉

僕にだって自由なことを
しゃべる権利があるんだ……!

下の各問いに答えよう。

❶ 自由権が国家から保障され，貧富(ひんぷ)の差が拡大(かくだい)するようになると，一人ひとりが人間らしく生きるための権利である ✱＿＿＿＿＿＿の必要性が問われるようになった。

　日本国憲法で定められている「生存権」，「教育を受ける権利」，「勤労の権利」，「労働基本権」をまとめて ✱＿＿＿＿＿＿という。

❷ 病気や失業などの理由で働くことができず，収入を得られない人々の生活を保障する生活保護制度は，❶の権利のうちの ✱＿＿＿＿＿＿にもとづいて制定された。

　資料は ✱＿＿＿＿＿＿について規定した条文である。

❸ 労働者が労働組合を結成する「団結権」，労働組合が使用者と賃金などについて交渉(こうしょう)する「団体交渉権」，労働組合が要求を実現するためにストライキなどの団体行動を行う「団体行動権」は労働三権と呼ばれる。この労働三権は，❶の権利のうちの＿＿＿＿＿＿が保障する権利である。

❹ 国民みずからが政治に参加する権利は ✱＿＿＿＿＿＿である。

　国民が選挙で国会議員，地方議会の議員や首長を選ぶ「選挙権」や，選挙に立候補する「被選挙権」などは ✱＿＿＿＿＿＿によって保障されている権利である。

❺ 国民の三大義務は，子どもに普通教育を受けさせる義務，納税の義務，＿＿＿＿＿＿である。

❻ 障がいのある人が生活の中で感じる障壁(しょうへき)をなくしていこうとする考え方を＿＿＿＿＿＿という。

❼ 日本国憲法に規定されていないものの，近年になって主張されるようになった新しい人権のうち，健康で快適(かいてき)かつ良好な環境を求める権利は＿＿＿＿＿＿である。

❽ ❼の権利を守るため，空港や工場の建設などの大規模(だいきぼ)な開発を行う前に，あらかじめ環境への影響を調査し，その対策をとる＿＿＿＿＿＿が義務づけられている。

❾ 新しい人権のうち＿＿＿＿＿＿は，国民が国や地方公共団体の政治について情報を受け取ることができる権利である。

❿ 新しい人権のうち＿＿＿＿＿＿は，他人に知られたくない個人の私生活に関する情報を守る権利である。

⓫ 新しい人権のうち＿＿＿＿＿＿は，一人ひとりが自分の生き方について自由に決定する権利である。

⓬ ⓫の権利に関連して，医療分野で治療を受ける患者が，医師の十分な説明を受け，それにもとづいてどのような治療方法を選択するか決定する ＿＿＿＿＿＿が重要視されている。

資料

憲法第２５条① すべて国民は，健康で文化的な最低限度の生活を営む権利を有する。

⑤国民の義務		
子ども（子女）に普通教育を受けさせる義務	納税の義務	勤労の義務
「教育を受けること」は権利	国の維持のために必要不可欠	権利であり義務

重要 単語をキーワードといっしょに覚えよう！ ―基本的人権Ⅱ―

テーマ	単語	キーワード	ワンポイントアドバイス
社会権	社会権	「人間らしく生きていくための権利」「生存権」	国家は国民の生活を守るべきとする考え方に由来
	生存権	「生活保護」「健康で文化的な最低限度の生活」	憲法第２５条①は，そのまま暗記しよう
	労働基本権	「団結権」「団体交渉権」「団体行動権」	権利の名前からその内容を考えてみよう
参政権	参政権	「政治に参加する権利」	民主主義の前提
	選挙権	「選挙で国民の代表を選ぶ」「満１８歳以上のすべての国民」	被選挙権は「選挙に立候補する権利」
新しい人権	環境権	「良好」「快適」「日照権」「環境基本法」「環境アセスメント」	日本では，四大公害病の発生を受けて提唱された
	知る権利	「国」「地方公共団体」「情報を受け取る」「情報公開」	「他人の個人情報」を知る権利ではない
	プライバシーの権利	「個人の私生活に関する情報」「個人情報保護法」	プライバシー＝私生活
	自己決定権	「自分の生き方を自由に決める」「インフォームド・コンセント」	その髪型は違法だ！　なんて言われたくないよね

・・

❶　社会権　❷　生存権　③　労働基本権　❹　参政権　⑤　勤労の義務　⑥　バリアフリー

⑦　環境権　⑧　環境アセスメント〔環境影響評価〕　⑨　知る権利　⑩　プライバシーの権利

⑪　自己決定権　⑫　インフォームド・コンセント

生徒会長の取り巻きイコール政党って考えてみると，ちょっと親近感が沸いてこない？

下の各問いに答えよう。

① 多くの国でとられている，選挙で自分たちの代表者を選び，その代表者が議会で話し合って，法律をつくったりものごとを決定したりすることを＿＿＿＿＿＿＿＿＿＿＿という。

❷ フランスの法学者モンテスキューが『法の精神』であらわした，権力の濫用を防止するため，国家権力を行政・立法・司法に分けるしくみは ✱＿＿＿＿＿＿である。

行政権・立法権・司法権が互いに抑制と監視をし合う資料１のしくみを ✱＿＿＿＿＿＿という。

③ 内閣の首長である内閣総理大臣は，＿＿＿＿＿＿とも呼ばれる。

④ 内閣を組織し，政権を担当する政党を＿＿＿＿＿＿という。

⑤ ④に対して，政権を担当しない政党を＿＿＿＿＿＿という。

⑥ 基本的な政策が似通っている複数の政党で政権を担当することを＿＿＿＿＿＿という。

⑦ 政党が選挙の際にかかげる＿＿＿＿＿＿は，政権をとった場合に実現を約束するものである。

⑧ 日本の選挙の４原則のうち，一部の例外をのぞき，満１８歳以上のすべての国民に選挙権を保障する原則は＿＿＿＿＿＿の原則である。

❾ 選挙の４原則のうち，一人一票を定める原則は ✱＿＿＿＿＿＿の原則である。

選挙区によって一票の価値が異なる一票の格差は，✱＿＿＿＿＿＿の原則に反するものとして問題視されている。

⑩ 選挙の４原則のうち，誰に投票したか知られないよう，無記名で投票する原則は＿＿＿＿＿＿の原則である。

⑪ 選挙の４原則のうち，代理人を介さずに有権者が直接投票する原則は＿＿＿＿＿＿の原則である。

⑫ 衆議院議員総選挙では，資料２のように，一つの選挙区で一人の代表を選ぶ小選挙区制，得票に応じて政党に議席を配分する比例代表制を組み合わせた＿＿＿＿＿＿＿＿＿がとられている。

⑬ 世論の形成に多大な影響を与えるものの代表例には，新聞やテレビなどの＿＿＿＿＿＿がある。

資料1

⇨の大きさが得票を表す

立法権（国会）

選挙
国民
世論　国民審査

行政権（内閣）　司法権（裁判所）

資料2

小選挙区制
候補者
国民

比例代表制
政党A　政党B　政党C
国民

当選
落選

❾一票の格差

例）A選挙区では１００万人の有権者で２人の国会議員を，
B選挙区では２４０万人の有権者で３人の国会議員を選ぶ。

定員１人あたりの有権者数は，A選挙区５０万人，B選挙区８０万人。したがって，A選挙区の有権者の一票は，B選挙区の有権者の一票に比べて，80÷50＝1.6(倍)の価値になっており，一票の価値に差が生じている。

A選挙区 2人
100万人

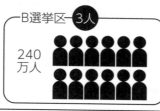
B選挙区 3人
240万人

 ＝20万人

マニフェストは政権をとった場合の公約，でも強制力はなし

　政権をとった場合でも，政党は必ずしもマニフェスト（政権公約）に従う必要はない。だから，その政策が本当に実現可能なものかどうか，国民は常に考えながら投票する必要があるんだ。

重要 単語をキーワードといっしょに覚えよう！ ―政治―

テーマ	単語	キーワード	ワンポイントアドバイス
三権分立	三権分立	「権力の濫用を防止」 「モンテスキュー」 「互いに抑制と監視」	三権＝行政権・立法権・司法権
	行政権	「内閣」	行政＝国の政治を行うこと
	立法権	「国会」	立法＝法律をつくること
	司法権	「裁判所」	司法＝法で争いを解決すること
政党	与党	「政権を担当する」	複数の政党で政権を担当する場合は，「連立政権」と呼ばれる
	野党	「政権を担当しない」	国会＝与党＋野党
選挙の4原則	普通選挙	「満１８歳以上のすべての国民」	年齢以外の制限がある場合は「制限選挙」
	平等選挙	「一人一票の原則」「一票の格差」	一人一票でない場合は「不平等選挙」
	秘密選挙	「無記名」	記名式の場合は「公開選挙」
	直接選挙	「有権者が直接選ぶ」	代理人などを間にはさむ場合は「間接選挙」

① 議会制民主主義〔間接民主制〕 ❷ 三権分立 ③ 首相 ④ 与党 ⑤ 野党 ⑥ 連立政権

⑦ マニフェスト〔政権公約〕 ⑧ 普通選挙 ❾ 平等選挙 ⑩ 秘密選挙 ⑪ 直接選挙

⑫ 小選挙区比例代表並立制 ⑬ マスメディア

国会はだいたい生徒総会，
内閣はだいたい生徒会の役員会。

下の各問いに答えよう。

① 「国会のみが法律を定められる」とする資料の空らんに入る言葉は＿＿＿＿＿である。

❷ 任期が短く，解散もあり，国民の意思をより反映させることができるとして，＊＿＿＿＿＿に強い権限が与えられていることを ＊＿＿＿＿＿の優越という。（※２つの空らんには同じ言葉が入る）

内閣不信任決議を行うことができる院は ＊＿＿＿＿＿である。

③ 国会が❷の院と参議院の２つの院で構成されていることを＿＿＿＿＿という。

④ 毎年１月に召集され，会期が原則１５０日間と規定されている国会は＿＿＿＿＿である。

⑤ 内閣が必要と認めたとき，または，いずれかの議院の総議員の４分の１以上の要求がある場合に開かれる国会は＿＿＿＿＿である。

⑥ ❷の院の解散後に行われる総選挙の日から３０日以内に開かれる国会は＿＿＿＿＿である。

⑦ ❷の院と参議院が対等に持つ，内閣の仕事の調査を行う権限を＿＿＿＿＿という。

⑧ 本会議の前に，少人数に分かれて行う実質的な会議の場を＿＿＿＿＿という。

❾ ＊＿＿＿＿＿は，内閣が作成し，国会が定める。

❷の院が参議院より先に審議すると定められているものは ＊＿＿＿＿＿である。

⑩ ⑥の国会では，内閣総理大臣の＿＿＿＿＿が他のすべての案件に先だって行われる。

⑪ 国会に設けられる，重大な過ちのあったとされる裁判官を裁く裁判所は＿＿＿＿＿である。

⑫ 内閣は，内閣総理大臣と，内閣総理大臣に任命された ＊＿＿＿＿＿で組織されている。

内閣総理大臣は，＊＿＿＿＿＿の任命権とともに，やめさせるかどうかを決定する罷免権の両方の権限を持つ。

⑬ 内閣総理大臣と⑫が出席して，政治の基本方針を定める会議は＿＿＿＿＿である。

⑭ 内閣は，天皇の＿＿＿＿＿に対して，助言と承認を与える。

⑮ ＊＿＿＿＿＿とは，国会の信任にもとづいて内閣が成立し，内閣は国会に対して連帯して責任を負う制度のことである。

❷の院は，内閣不信任決議で内閣の責任を問うことができる。内閣不信任決議が可決されると，内閣は総辞職するか，１０日以内に❷の院を解散しなければならない。これは，＊＿＿＿＿＿にもとづいて内閣が組織されるからである。

資料

憲法第４１条 国会は，国権の最高機関であって，国の唯一の ＿＿＿＿ 機関である。

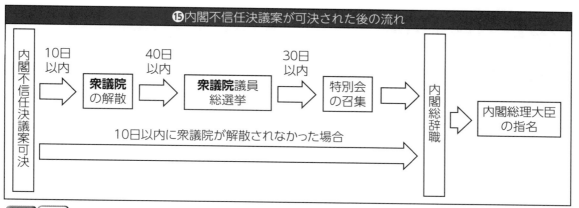

⓯内閣不信任決議案が可決された後の流れ

内閣不信任決議案可決 →（10日以内）→ **衆議院**の解散 →（40日以内）→ **衆議院**議員総選挙 →（30日以内）→ 特別会の召集 → 内閣総辞職 → 内閣総理大臣の指名

10日以内に衆議院が解散されなかった場合 → 内閣総辞職 → 内閣総理大臣の指名

重要 単語をキーワードといっしょに覚えよう！ ─国会・内閣─

テーマ	単語	キーワード	ワンポイントアドバイス
国会の種類	常会（通常国会）	「毎年１月」「１５０日間」	毎年，必ず開かれる
	臨時会（臨時国会）	「内閣が必要と認めたとき」「議員の要求があったとき」	ほぼ毎年，開かれている
	特別会（特別国会）	「総選挙の日から３０日以内」	内閣総理大臣の指名を行うために開かれる
国会の権限	国政調査権	「国会が内閣の仕事を調査」	両院対等の権限であり，衆議院の優越にはふくまれない
	弾劾裁判所	「裁判官を裁く裁判所」	「劾」の字に注意
内閣	内閣総理大臣（首相）	「国会が指名」「天皇が任命」「内閣の最高責任者」	内閣総理大臣は，必ず国会議員の中から選ばれる
	国務大臣	「内閣総理大臣が任免権」	過半数は国会議員
	天皇の国事行為	「内閣の助言と承認」	国事行為は形式・儀礼的
国会と内閣	議院内閣制	「国会の信任」「内閣は国会に対して連帯して責任を負う」	国会の信用があれば内閣は続き，国会の信用がなくなれば，内閣は終わる

① 立法　❷ 衆議院　③ 二院制〔両院制〕　④ 常会〔通常国会〕　⑤ 臨時会〔臨時国会〕

⑥ 特別会〔特別国会〕　⑦ 国政調査権　⑧ 委員会　❾ 予算(案)　⑩ 指名　⑪ 弾劾裁判所

⓬ 国務大臣　⑬ 閣議（かくぎ）　⑭ 国事行為　⓯ 議院内閣制

24 裁判所

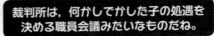裁判所は，何かしでかした子の処遇を
決める職員会議みたいなものだね。

下の各問いに答えよう。

❶ 犯罪行為があったかどうかを判断し，有罪か無罪か決定する裁判は ✱＿＿＿＿＿＿である。

検察官が被疑者を被告人として裁判所に訴えることで始まる裁判は ✱＿＿＿＿＿＿である。

❷ 個人と個人の間に起こった対立を解決する裁判は ✱＿＿＿＿＿＿である。

訴えた人を原告，訴えられた人を被告とし，裁判官による判決以外でも和解などで裁判を終わらせることができるのは ✱＿＿＿＿＿＿である。

③ 裁判を慎重に行って人権を守るため，同じ事件について３回まで裁判を求めることができる資料１の制度を＿＿＿＿＿＿という。

④ 確定した判決について新しい証拠が発見され，裁判の誤りが疑われる場合には，＿＿＿＿＿＿というやり直しの裁判が行われる。

❺ 裁判所が国会や内閣などの機関から独立していることを ✱＿＿＿＿＿＿という。

裁判官はほかの機関などの命令や指図を受けず，自らの良心に従い，憲法及び法律にのみ拘束されて裁判を行う。このことを ✱＿＿＿＿＿＿という。

❻ 裁判官の身分は保障されており，心身の故障・国会による弾劾裁判・最高裁判所の裁判官に対する

✱＿＿＿＿＿＿で罷免を可とされた場合を除いて，やめさせられることはない。

資料２は，国民が司法権（裁判所）に対して行使する権限である ✱＿＿＿＿＿＿で用いる用紙である。

⑦ 無実の罪で有罪とされ刑罰を科せられることを＿＿＿＿＿＿という。

⑧ ＿＿＿＿＿＿制度は，重大な刑事事件の一審について，くじで選ばれた国民が裁判官とともに裁判に

参加し，有罪か無罪か，有罪であればどのような刑罰が適当かを決定する制度である。

⑨ ＿＿＿＿＿＿とは，国会や内閣が定めた法律や命令などが憲法に違反しているかどうか

を判断する権限のことである。

⑩ ⑨の権限はすべての裁判所が持っているが，特に最高裁判所は，その法律や命令などが合憲か違憲

かの最終的な判断を下すため，「＿＿＿＿＿＿」と呼ばれている。

資料１

最高裁判所
↑　↑　　↑上告↑　　↑
高等裁判所
↑控訴　↑控訴　↑控訴　↑　↑上告
家庭裁判所　地方裁判所　家庭裁判所　地方裁判所
控訴↑
簡易裁判所
❶　　　　❷

資料２

見　本

注意

一　やめさせたくない場合には，その名の上の欄に×を書くこと。
二　やめさせなくてよいと思う裁判官については，何も書かないこと。

宮川光治　近藤崇晴　竹﨑博允　那須弘平　金築誠志　田原睦夫　涌井紀夫　竹内行夫　櫻井龍子　×を書く欄　裁判官の名

刑事裁判？　民事裁判？

　××××年×月×日，Ａさんが飲酒運転で交通事故を起こしてＢさんにケガをさせた……。

　Ａさんはまず，道路交通法という法律に違反した罪を問われて刑事裁判にかけられる。検察官が起訴（裁判所に訴えること）すべきと判断すれば，被疑者だったＡさんは被告人として刑事裁判にのぞむことになる。審理が繰り返され，やがて判決が下される。よく耳にする「懲役○年」というやつだね。有罪判決が確定すれば，Ａさんは刑に服することになるんだ。

　一方で，ＡさんはＢさんからケガの治療費や慰謝料を請求されていた。しかし，度重なる請求にＡさんが応じなかったので，Ｂさんは民事裁判を起こした。Ｂさんが原告となって，Ａさんを被告として訴えたんだ。Ａさん・Ｂさんがともに判決を望んだため，裁判官は「ＡはＢに○○円支払え」という判決を下す。これが確定すれば，ＡさんはＢさんにお金を支払う必要があるんだ。

重要　単語をキーワードといっしょに覚えよう！　―裁判所―

テーマ	単語	キーワード	ワンポイントアドバイス
裁判の種類	刑事裁判	「有罪か無罪かを決定する」「検察官」「被告人」	必ず「判決」が下される
	民事裁判	「個人間の紛争を解決する」「原告」「被告」	「和解」「調停」など，「判決」以外にも解決手段がある
裁判制度	三審制	「慎重」「人権を守る」「3回まで裁判を求める」	第一審から第二審へは控訴第二審から第三審へは上告
	司法権の独立	「裁判官の身分保障」「憲法・法律にのみ拘束される」	司法が公正であるための絶対条件
	国民審査	「最高裁判所の裁判官のみ」	国民→裁判所への権利行使
	裁判員制度	「重大な刑事事件の一審」「有罪か無罪か」「どのような刑罰が適当か」	軽微な刑事事件やすべての民事事件は対象外
司法全般	違憲審査権（違憲立法審査権／法令審査権）	「法律・命令が憲法に違反していないか」	すべての裁判所が持つ権限
	憲法の番人	「合憲か違憲かの最終的な判断を下す」	憲法の番人＝最高裁判所

❶　刑事裁判　❷　民事裁判　③　三審制　④　再審　❺　司法権の独立　❻　国民審査　⑦　えん罪

⑧　裁判員　⑨　違憲審査権〔違憲立法審査権／法令審査権〕　⑩　憲法の番人

25 地方自治

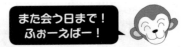
また会う日まで！
ふぉーえばー！

下の各問いに答えよう。

① 住民みずからが身近な問題に取り組み，直接政治に参加することから，地方自治は

「＿＿＿＿＿＿の学校」と呼ばれている。

❷ それぞれの地方公共団体(地方自治体)がより地域に密着した活動を行えるようにするため，

１９９９年に制定された法律は「＊＿＿＿＿＿＿一括法」である。

国から地方に仕事や財源を移し，国と地方ができるだけ対等の関係で仕事を分担して政治を進めて

いくことを ＊＿＿＿＿＿＿という。

❸ 地方公共団体が法律の範囲内で制定する独自の法は ＊＿＿＿＿＿＿である。

住民が ＊＿＿＿＿＿＿の制定・改廃を求める場合，有権者の５０分の１以上の署名を集めて首

長(地方公共団体の長)に提出する。

❹ ＊＿＿＿＿＿＿は，あることがらについて，住民の賛否を問うために行われる。

地方公共団体は，議会で制定された❸にもとづき，その地域に住む人々の暮らしに深くかかわる問

題について，住民の意思を問うことがある。このとき行われる方法は ＊＿＿＿＿＿＿である。

⑤ 住民からの要求や苦情を受けて，地方公共団体の行政を調査・監視し，必要に応じて改善を求める

制度を＿＿＿＿＿＿制度という。

⑥ 住民が議会の解散，地方議会の議員や首長の解職を求める場合，有権者の＿＿＿＿分の１以上の署名

を集めて選挙管理委員会に提出する。

⑦ 地方議会議員や市区町村長の被選挙権は満＿＿＿＿歳以上，知事の被選挙権は満＿＿＿＿歳以上である。

❽ 地方公共団体間の財政格差をならすことを目的として，国から各地方公共団体に配分される，使い

道を限定しない資金は ＊＿＿＿＿＿＿＿＿である。

資料１は，地方公共団体全体の歳入の割合を示したグラフ，資料２は，国の歳出の割合を示したグ

ラフである。２つの資料の空らん a に入る言葉は ＊＿＿＿＿＿＿＿＿である。

⑨ 空らん b に入る＿＿＿＿＿＿＿＿は，国から使い道を限定して配分される。

資料1

- その他 9.1%
- 地方債 16.4%
- 地方税 39.6%
- b 14.1%
- a 20.8%

資料2

- 防衛関係費 5.2%
- 公共事業関係費 5.4%
- 文教および科学振興費 6.0%
- その他 10.8%
- 社会保障関係費 31.1%
- a など 18.2%
- 国債費 23.3%

❸❻直接請求権		
	必要な署名数	請求先
条例の制定・改廃	有権者の５０分の１以上	首長
地方議会の解散	有権者の３分の１以上	選挙管理委員会
地方議員・首長の解職（リコール）		

 議会の解散を求めたり，誰かをやめさせたりする場合には，地方の政治に影響が出るため，条例の制定・改廃を求めるよりずっと多くの署名が必要になるんだ。

⑦選挙権・被選挙権		
	被選挙権	
選挙権	衆議院議員 地方議会議員 市区町村長	参議院議員 都道府県知事
満１８歳以上	満２５歳以上	満３０歳以上

 被選挙権は，満３０歳以上のものを覚えよう。満３０歳以上にあたらないものは，すべて満２５歳以上だ。

重要 単語をキーワードといっしょに覚えよう！ ―地方自治―

テーマ	単語	キーワード	ワンポイントアドバイス
地方自治	地方分権	「より地域に密着した活動」「地方に財源や仕事を移す」	国の仕事量を減らして地方の仕事量を増やすってことだよ
	条例	「法律の範囲内」「独自の法」	いわば，地方公共団体（地方自治体）の法律
	住民投票	「住民の賛否を問う」	法的拘束力はない
	オンブズマン（オンブズパーソン）	「行政を監視」「改善を求める」	スウェーデン語で「代理人」の意
地方財政	地方交付税交付金	「地方公共団体間の格差をならす」「使い道を限定しない」	親が子どもにあげるおこづかいみたいなもの
	国庫支出金	「特定の支出」「使い道を限定する」	親からお使いに出される子どもが受け取るお金みたいなもの

・・

① 民主主義 ❷ 地方分権 ❸ 条例 ❹ 住民投票 ⑤ オンブズマン〔オンブズパーソン〕
❻ 3 ⑦ ２５（歳），３０（歳） ⑧ 地方交付税交付金 ⑨ 国庫支出金

点数アップ！ 記述編

○下の各問いに答えよう。問題文の末尾に「◀ページ ⑨ 日本の産業①」と付いている問題は、該当する問題番号の波線部分が答えになっていて、それ以外の問題は、その問題がある次のページの下に答えがあるよ。

地理

① 近郊農業はどのような地域で行われている農業か。答えよう。 ◀ページ ⑨ 日本の産業①

　　農業。

_____

② 促成栽培とはどのような栽培方法か。促成栽培を行う目的と農作物の出荷時期に着目して答えよう。 ◀ページ ⑨ 日本の産業②

_____

③ 抑制栽培とはどのような栽培方法か。抑制栽培を行う目的と農作物の出荷時期に着目して答えよう。 ◀ページ ⑨ 日本の産業❸

_____

④ 栽培漁業とはどのような漁業か。魚などの成長過程に着目して答えよう。 ◀ページ ⑨ 日本の産業⑤

_____

⑤ 日本が沖ノ鳥島の護岸工事を行ったのはなぜか。「経済水域」の語を用いて答えよう。

_____

⑥ 日本海側の気候の特色は何か。「季節風」の語を用いて、解答らんの書き出しに続けて答えよう。 ◀ページ ⑬ 日本の気候❸

太平洋側の気候に比べて、

⑦ 北海道の気候の特色は何か。北海道が、日本の本州が属する気候帯と異なることに触れつつ、「梅雨」の語を用いて答えよう。

_____

⑧ 地中海性気候の特色は何か。降水量の変化に着目して答えよう。 ◀ページ ⑮ 世界の気候⑤

_____

⑨ ヨーロッパの大部分が高緯度のわりに冬でも温暖なのはなぜか。ヨーロッパの西岸を流れる海流と風に着目して答えよう。　ページ17 気象❶

_____

⑩ 瀬戸内地方で1年を通して降水量が少ないのはなぜか。答えよう。　ページ17 気象❷

_____

⑪ 扇状地とはどのような地形か。扇状地が形成される場所に着目して答えよう。　ページ21 日本の自然❶

_____

⑫ 三角州とはどのような地形か。三角州が形成される場所に着目して答えよう。　ページ21 日本の自然❷

_____

⑬ アフリカ大陸ではまっすぐな国境線を持つ国々が多いのはなぜか。歴史的な背景に着目して答えよう。　ページ23 世界の自然⑫

_____ から。

歴 史

① 聖徳太子が冠位十二階を定めたのはなぜか。「家がら」「手がら」の語を用いて答えよう。　ページ25 古代I❹

_____

② 聖徳太子が十七条の憲法を定めたのはなぜか。簡潔に答えよう。　ページ25 古代I⑤

_____

③ 菅原道真が遣唐使の延期を進言したのはなぜか。2つの理由を答えよう。

_____ / _____

④ 聖武天皇が国ごとに国分寺，都に東大寺を建てた目的は何か。「仏教」の語を用いて簡潔に答えよう。　ページ27 古代II❸

_____

⑤ 平安時代，藤原氏はどのようにして実権をにぎっていったか。摂関政治の内容に触れつつ，「娘」「子ども」の語を用いて答えよう。　ページ27 古代II❾

_____ 実権をにぎった。

----

⑤ (例)広大な(排他的)経済水域を守るため。⑦ (例)北海道は冷帯〔亜寒帯〕に属し，梅雨がない。

⑥ 鎌倉時代の封建制度に関連して，「御恩」の内容を答えよう。 ページ29 古代Ⅲ・中世Ⅰ⑩

こと。

⑦ 鎌倉時代の封建制度に関連して，「奉公」の内容を答えよう。 ページ29 古代Ⅲ・中世Ⅰ⑩

⑧ 承久の乱の後，幕府が京都に六波羅探題を置いたのはなぜか。答えよう。 ページ29 古代Ⅲ・中世Ⅰ⑫

⑨ 1297年，幕府は生活の苦しくなった御家人を救うため，永仁の徳政令を出した。このころの御家人の生活が苦しかったのはなぜか。答えよう。 ページ31 中世Ⅱ⑥

⑩ 鎌倉幕府を倒した後醍醐天皇は，建武の新政を行ったが，２年あまりで失敗した。その理由を簡潔に答えよう。 ページ31 中世Ⅱ❼

だったから。

⑪ 日明貿易で，勘合という合い札が用いられたのはなぜか。簡潔に答えよう。 ページ31 中世Ⅱ⑨

⑫ 戦国時代に広まった下剋上とはどのような風潮か。答えよう。 ページ33 中世Ⅲ⑤

⑬ 豊臣秀吉が刀狩令を出した目的は何か。答えよう。 ページ33 中世Ⅲ⑩

⑭ 徳川家光が参勤交代の制度を定めた目的は何か。「主従関係」の語を用いて答えよう。 ページ35 近世Ⅰ❹

⑮ 日米修好通商条約はどのような点で不平等だったか。２つ答えよう。

点。／点。

⑯ 新政府が実施した版籍奉還とは何か。簡潔に答えよう。 ページ39 近世Ⅲ・近代Ⅰ⑦

---

③ (例)唐が衰退したから。／唐への航海が危険だったから。

⑰ 新政府が実施した廃藩置県とは何か。簡潔に答えよう。 ページ39 近世Ⅲ・近代Ⅰ⑧

_____

⑱ 富国強兵とはどのような政策か。「経済」「軍事力」の語を用いて答えよう。 ページ39 近世Ⅲ・近代Ⅰ⑫

_____

⑲ 第一回衆議院議員選挙の有権者はどのような人々に限られていたか。答えよう。 ページ41 近代Ⅱ⑤

_____

⑳ 日本がイギリスと日英同盟を結んだ目的は何か。「南下政策」の語を用いて答えよう。 ページ41 近代Ⅱ⑩

_____

㉑ 日露戦争終結後，日本各地で暴動が起こったのはなぜか。日清戦争の講和条約と日露戦争の講和条約の内容のちがいに着目して答えよう。 ページ41 近代Ⅱ⑬

_____

㉒ 日本が国際連盟を脱退したのはなぜか。簡潔に答えよう。 ページ43 近代Ⅲ③

_____ から。

㉓ 米騒動が起きたのはなぜか。「シベリア出兵」の語を用いて答えよう。 ページ43 近代Ⅲ⑤

_____ したから。

㉔ 普通選挙法で，選挙権はどのような人々に与えられたか。答えよう。 ページ43 近代Ⅲ⑦

_____

㉕ 治安維持法が制定されたのはなぜか。簡潔に答えよう。 ページ43 近代Ⅱ⑦

_____

㉖ 日本国憲法の3つの基本原理は何か。すべて答えよう。 ページ45 近代Ⅳ・現代⑥

_____

㉗ 農地改革とはどのような政策か。「自作農」の語を用いて答えよう。 ページ45 近代Ⅳ・現代⑦

_____

㉘ 日本が国際連合に加盟できたのはなぜか。解答らんの書き出しに続けて答えよう。 ページ45 近代Ⅳ・現代⑬

日ソ共同宣言の調印により，

_____

⑮ (例)アメリカに領事裁判権〔治外法権〕を認めていた点。／日本に関税自主権がなかった点。

公民

① 「公共の福祉」とは何か。個人と社会の関係に着目して答えよう。 ページ47 基本的人権Ⅰ⑪

_____

② バリアフリーとはどのような考え方か。「障壁」の語を用いて答えよう。 ページ49 基本的人権Ⅱ⑥

_____

③ 自己決定権に関連して, インフォームド・コンセントとは何か。解答らんの書き出しに続けて答えよう。
ページ49 基本的人権Ⅱ⑫

治療を受ける患者が, _____ こと。

④ 三権分立とはどのようなしくみか。三権分立の制度をとっている目的と合わせて答えよう。
ページ51 政治❷

_____

⑤ 「一票の格差」とはどのような問題か。答えよう。 ページ51 政治❾

_____ という問題。

⑥ 小選挙区比例代表並立制とはどのような制度か。答えよう。 ページ51 政治⑫

_____

_____ を組み合わせた制度。

⑦ 衆議院の優越が認められているのはなぜか。答えよう。 ページ53 国会・内閣❷

_____ から。

⑧ 三審制がとられているのはなぜか。答えよう。 ページ55 裁判所③

_____

⑨ 裁判員制度とはどのような制度か。「有罪」「無罪」「刑罰」の語を用いて答えよう。 ページ55 裁判所⑧

_____

_____

⑩ 条例とはどのような法か。答えよう。 ページ57 地方自治③

_____